Inhalt

EINLEITUNG 5

JANUAR
Zeit für Neubeginn
und Klarheit 11

FEBRUAR
Zeit für Originalität 23

MÄRZ
Zeit des Erwachens 35

APRIL
Zeit des Aufbruchs 47

MAI
Zeit für sinnlichen
Genuss 57

JUNI
Zeit für Pusteblumen 69

JULI
Zeit zum Tagträumen 81

AUGUST
Zeit der Fülle 93

SEPTEMBER
Zeit für Dankbarkeit 105

OKTOBER
Zeit des Innehaltens 117

NOVEMBER
Zeit der Transformation 131

DEZEMBER
Zeit für Stille 145

»Um eine Welt in
einem Sandkorn zu sehen
und einen Himmel in einer Wiesenblume,
halte die Unendlichkeit in
deiner flachen Hand
und die Ewigkeit in einer Stunde.«

WILLIAM BLAKE

Achtsamkeit heißt Wahrnehmen ...

Wahrnehmen was ist – in mir und um mich herum. Achtsam, ganz nah mit mir verbunden wahrnehmen, wie ich fühle, was ich denke, wach sein.

Ganz offen und neugierig die leisen Töne wahrnehmen und die ganz leisen – und die unendliche Vielfalt aller Farben. Still werden und den Zauber wahrnehmen, der jedem kleinsten Augenblick innewohnt, ihn im Herzen bewahren – einfach nur staunen und mich immer weiter öffnen.

Ganz sanft nur hinschauen, im Augenblick ruhen, verstehen und weise lächeln. Den Reichtum wahrnehmen, in dem ich lebe, und zutiefst dankbar sein für all das, was ich wahrnehmen kann, Hand auf meinem Herzen.

Achtsamkeit und liebendes Bewusstsein lassen uns in den Augenblick kommen und lehren uns, klar zu sehen, ohne zu werten. In ihr fallen Tun und Sein zusammen. Es ist eine Art des Seins und keine Technik und dennoch lässt sich mit ihr das Leben im Jetzt üben, sodass wir unser Herz für die Fülle des Menschseins öffnen können. Wenn wir ganz im Jetzt sind, spüren wir, dass wir in der Mitte eines heiligen Kreises sind. Dafür müssen wir nicht ins Kloster gehen, keine dicken Bücher wälzen oder ewig auf Meditationskissen sitzen, ein bisschen Offenheit und Neugier genügen oft schon, um die Welt ein wenig anders zu sehen oder Gewohnheiten zu hinterfragen.

Wie schön, dass dieses Buch den Weg zu dir gefunden hat, es kann dir ein treuer Begleiter durch das Jahr und darüber hinaus werden. Es möchte dich an die Hand nehmen und dir Herzensmomente im Jahreskreis schenken, deine Gedanken und Empfindungen werden es lebendig, bunt und einzigartig zu *deinem* Herzensbuch machen.

Dieses Buch mit dem beigefügten Tagebüchlein führt dich durch die Jahreszeiten als immerwährender Kalender. So ist es gleichgültig, in welchem Monat du beginnst, es ist immer der richtige Zeitpunkt. Zur Einstimmung in die Zeitqualität jedes Monats habe ich das Geschehen in der Natur beschrieben, denn Achtsamkeit und Natur sind eine Einheit. Meditation ist wie Gartenarbeit, wir wandeln uns und wachsen in dem Maß, wie wir Zeit mit den Pflanzen verbringen, eine Blüte in ihrer Schönheit auf uns wirken lassen, in der Zeitlosigkeit der Natur Ruhe finden. Pflanzen sind Brückenbauer zwischen Himmel und Erde, mit unserem geheimnisvollen sechsten Sinn erkennen wir das verborgene Wesen von Mutter Natur. Der Schlüssel dazu ist Achtsamkeit und Liebe zu allem Lebendigen. Im Wechsel der Jahreszeiten schenkt sich dem, der sie bewusst und achtsam erlebt, ein Raum für Gedanken und Gefühle, für achtsame Wahrnehmung. So offenbart sich der Lichtfunke, der in jedem Kraut, in jedem Wassertropfen, in jedem Duft, in jeder Wurzel, in allem verborgen ist. Jeder Monat wird zum Symbol, das Geschehen in der Natur wird zu Bildern der Seele. Eine wundervolle Möglichkeit jede Phase des Jahres achtsam zu erleben ist es auch, sich einen Baum als »Freund« auszusuchen und zu beobachten, wie er sich von Monat zu Monat wandelt.

Zusammen mit der Natur geben die Urprinzipien oder Archetypen des jeweiligen Monats die Zeitqualität beziehungsweise die Richtung vor.

Das Wort Archetypus stammt aus dem Griechischen und bedeutet »Urbild«. In der Psychologie ist damit eine unbewusste Energie gemeint, die in symbolischen Bildern wie in Träumen und Meditationen erfahrbar ist.

Dieses Konzept geht auf den Schweizer Psychiater und Tiefenpsychologen Carl Gustav Jung zurück. Es handelt sich bei diesen Prinzipien um Symbole, um archaische Energien, die rhythmisch in Erscheinung treten und die uns, wenn wir offen sind für die Sprache der Analogien, eine erweiterte Sichtweise des Lebens schenken. Wenn wir erkennen, dass wir hier auf der Erde in ein größeres Leben eingewoben sind, dessen Rhythmen und Zyklen auf uns wirken, werden wir in Verbundenheit untereinander und mit der Natur leben.

Jeder Monat in diesem Buch ist in der Farbe, die dem Archetyp entspricht, gestaltet und beginnt mit einem Zitat, zu dem du meditieren kannst. Dann blättert sich vor dir ein bunter Bogen auf aus Meditationen, Atemübungen, Reflexion, Anregungen zum Schreiben und Malen, Anleitungen für innere und äußere Bilder, die immer der jeweiligen Zeitqualität entsprechen.

Idealerweise baust du die kleinen Achtsamkeitsübungen in deinen Alltag ein, denn es gibt keine schönere Zeit als das Jetzt. Ein paar Minuten täglich reichen schon, um das Gehirn in eine neue Spur zu bringen, also warte nicht auf den richtigen Zeitpunkt, denn es ist immer der rechte Moment für einen achtsamen Augenblick, ein Innehalten, Stillwerden. Es geht nicht so sehr um die Quantität, als um die Regelmäßigkeit. Setz dir kleine Anker, leg einen Stein auf deinen Schreibtisch, klebe einen Zettel an den Spiegel, die dich erinnern, mehrmals am Tag kleine bewusste Inseln des Innehaltens zu finden, einige Male tief durchzuatmen oder die Hand aufs Herz zu legen. Erledige eines nach dem anderen und widme dich ganz dieser einen Tätigkeit.

Dieses Buch möchte dich auch dazu anregen, deine ganz persönlichen Gedanken und Veränderungen zu verschiedenen Themen festzuhalten. Um die Anregungen und Übungen noch intensiver werden zu lassen, liegt ein kleines feines Achtsamkeitstagebuch bei, in das du deine Gedanken und Erkenntnisse, einen Brief oder die ein oder andere Liste schreiben kannst. In dem Platz für Bilder und Zeichnungen ist, für ein treffendes Zitat oder für den Traum, den du am Morgen noch klar vor Augen hast. Am besten trägst du dein Büchlein immer bei dir und gewöhnst dir an, einen Wunsch, eine Beobachtung rasch zu notieren und festzuhalten, bevor sie verschwunden sind. So kann dein Achtsamkeitstagebuch zu einem treuen Begleiter durchs Jahr werden.

Achtsamkeit im Alltag ist für mich inzwischen eine Lebensweise geworden, mit der ich trotz der Anforderungen des Tages, trotz Zeitdrucks und Terminen offen in meinen Sinneswahrnehmungen und vor allem bei mir selbst bleibe. Das erfordert Bewusstheit, ist aber nicht anstrengend. Im Gegenteil, es ist etwas ganz Wundervolles, denn Achtsamkeit beschenkt mich, egal ob in der Küche oder am Schreibtisch, mit tiefen, bunten und vielfältigen Gefühlen, mit so vielem, über das ich staunen kann, mit Dankbarkeit und dem Gefühl, unendlich reich zu sein.

Begrüße das neue Jahr vertrauensvoll und ohne Vorurteile, dann hast du es schon halb zum Freunde gewonnen.
Novalis

Ich wünsche dir von ganzem Herzen, dass dich dieses Buch, das du gerade in Händen hältst, dazu inspiriert, eine gute Balance zu finden im regelmäßigen Schöpfen aus deiner Kraftquelle. Möge es dir viel Freude bescheren, damit du es liebgewinnst und es zu einem Schatzkästchen für deine Seele werden kann.

Herzlich

»Und plötzlich weißt du:
Es ist Zeit, etwas Neues
zu beginnen und dem
Zauber des Anfangs zu vertrauen.«

MEISTER ECKHART

Januar

ZEIT FÜR NEUBEGINN
UND KLARHEIT

Dem Kalender nach hat der Winter nun Einzug gehalten. Es ist die Zeit, in der die äußere Natur in völliger Lebensstarre darniederliegt und die kälteste Zeit des Jahres beginnt, kälter und karger kann es nicht mehr werden. Über dem gefrorenen Boden liegt eine kristallene Schneedecke, die Wasser sind von Eis bedeckt, die ganze Erde scheint zum Kristall geworden zu sein, Stille breitet sich aus, die Lebenswärme ist gewichen. Viele Tiere haben sich zum Winterschlaf zurückgezogen, leben von ihren Vorräten und bewegen sich kaum oder langsamer, um nicht zu viel Energie zu verbrauchen. Nüchterne, graue Farben bestimmen den Winterhimmel, Nebeltage wechseln mit Sonnentagen, an denen der Reif an den Bäumen gefriert, Schneekristalle in der klirrenden Kälte glitzern und die kräftige Luft Klarheit verbreitet.

Von nun an nehmen mit dem Steigen der Sonne die Tage allmählich wieder zu und in der Erde werden die Vorbereitungen für den Weg zum Licht getroffen – ruhende Samenkörner überwinden durch Sammlung ihrer Kräfte den winterlichen Tod, sodass der unaufhaltsame Kreislauf weitergeht. Friedlich schlummert die Landschaft und wartet auf den Frühling, damit sie sich dann wieder voll entfalten kann.

Der Winter ist die Zeit der Dankbarkeit und Rückbesinnung auf den milden Frühling, den heißen Sommer und den bunten Herbst mit all ihren Gaben.

Urprinzipiell herrscht hier Saturn, der Hüter der Schwelle zwischen Zeit und Ewigkeit, Leben und Tod. Er ist der Herr der Zeit, der dafür sorgt, dass alles einmal zu Ende geht. Saturn steht für Verantwortung, Disziplin, Gesetz, Struktur und Verantwortungsbewusstsein.

Er hat die Qualität des weisen, alten Mannes, lässt uns nach innen schauen, das Wesentliche erkennen und Ordnung schaffen. Der strenge Winter und dieser Archetyp geben uns die Gelegenheit, unsere Kräfte in der Stille zu sammeln und zu erneuern, unsere Grenzen neu zu bestimmen und bewusst Klarheit in unser Leben zu bringen, uns auf das Wesentliche zu reduzieren.

Wer erkannt hat, dass nicht das Hetzen auf ein Ziel hin wichtig ist, sondern die Erfahrung des Weges, der weiß, dass es darum geht, zu tun, was gerade getan werden muss, und es so gut wie möglich zu tun. Konzentration auf das, was im Augenblick wirklich wichtig ist – wenn du gehst, dann gehe, wenn du horchst, dann horche, sonst nichts.

Das Alter ist die Zeit des Saturn und Weisheit sein Ziel, sein Element ist die Erde. In dieser Zeit steht die Sonne in dem Abschnitt des Tierkreises, den wir »Steinbock« nennen.

Auf der körperlichen Ebene ist die Wirbelsäule als Weltachse angesprochen und das Knochengerüst, die Haut als Grenze, aber auch das Knie mit seiner doppelten Bedeutung – einerseits zum Ersteigen und Erklimmen von Höhen, andererseits zum Niederknien. Darin drückt sich Demut aus und die Bereitschaft, ohne zu klagen die eigene Aufgabe zu erfüllen.

Das Ende des Alten ist immer der Beginn des Neuen. Noch bevor zu Silvester um Mitternacht das neue Jahr anbricht, gilt es eine ehrliche Bilanz des alten Jahres zu ziehen und ihm Anerkennung zu schenken, um für Neues Raum zu schaffen.

Das neue Jahr, so unbeschrieben wie ein weißes Blatt, magische Momente liegen in der Luft: Was wird es bringen, das neue Jahr?

Willkommen, neues Jahr!

Um Mitternacht wurden die Geister des alten Jahres mit Krach und Lärm vertrieben und das neue Jahr mit bunten Raketen und dem Knallen von Sektkorken begrüßt. Frisch und jung liegt es vor uns – alles ist möglich! Jeder begrüßt das neue Jahr so, wie er sich fühlt, mit Freude, mit Hoffnung, mit Wünschen und guten Vorsätzen. Wir verteilen Neujahrsglückwünsche und werden von anderen »beglückt«, und jeder gute Wunsch, den wir aus dem Herzen wohlwollend für andere sprechen, kommt auch uns zugute. Im Anfang liegt schon alles – wenn wir uns darin üben, miteinander achtsam, friedvoll und großzügig umzugehen, machen wir uns und der Welt das größte Geschenk.

Ganz gleichgültig, wie das Wetter heute ist, zieh dich warm an und geh hinaus in die Natur. Mach einen langen Spaziergang, begib dich hinein ins neue Jahr und spür seine besondere Qualität. Nimm für deinen Ausflug Nüsse und Kerne mit und ein paar Apfel- und Karottenstücke. Geh zu dem Kraftplatz, den du für die Raunächte gewählt hast, oder such einen anderen stillen Ort abseits der Wege, der für Tiere gut erreichbar ist, und leg dort deine Geschenke aus. Wünsche in Dankbarkeit allen Wesen der Natur Segen für dieses Jahr.

Spür beim Nach-Hause-Gehen die kühle Luft und geh mit deiner Aufmerksamkeit bewusst zu deinem Atem, fühl die Bewegungen, die er auslöst, wie er kommt, einen Moment bleibt und wieder geht.

Was vergangen ist, ist vergangen, was kommen wird, ist noch nicht da. Alles, was ist, ist JETZT. Jeder Moment ist ein Neubeginn, ist wie »Neujahr«.

Mach dir bewusst, dass du jederzeit die Möglichkeit hast, wieder neu anzufangen, wenn du es wirklich *wirklich* willst.

Ein Glas voll schöner Momente

»Glück entsteht durch die Aufmerksamkeit in kleinen Dingen«, schreibt der deutsche Dichter und Zeichner Wilhelm Busch. Glückliche Momente sind Augenblicke, in denen man Freude, Dankbarkeit und Liebe empfindet, an denen man sich erfreut.

Nimm ein schönes großes Glas mit Deckel und bemale oder beklebe es mit deinen Lieblingsmotiven. Stell es an einen Ort, an dem du täglich vorbeikommst, und leg daneben einen Block mit bunten Notizzetteln und einen Stift.

Schreib ab jetzt jede Woche dein schönstes Erlebnis, deine Glücksmomente, besondere Augenblicke, die dein Herz berührt, oder Begegnungen, die dich beschenkt haben, auf einen Zettel (es können gerne auch mehr sein), falte ihn zusammen und gib ihn in das Glas.

Gute Vorsätze zu Jahresbeginn sind oft schnell vergessen, dieser macht dir vielleicht so viel Freude, dass du ihn gerne das ganze Jahr beibehältst.
Am Jahresende kannst du dann alle Zettel lesen, dich erinnern und darüber freuen, was für ein schönes Jahr du hattest – vielleicht sogar schöner als gedacht!

Wenn du Freude daran hast, lass es zu einem liebenswerten Ritual werden, schreib und zeichne in dein Achtsamkeitsbüchlein, kleb getrocknete Blüten und Blätter ein, die Visitenkarte von deinem neuen Lieblingsitaliener …

Nacht der Wunder

Die intensive Zeit der Raunächte vom 25. Dezember bis zum 6. Januar findet ihren Abschluss und die Energien, die uns während dieser Tage und Nächte umgeben haben, legen sich nach und nach wieder zur Ruhe, während sich das Rad des Jahres ebenso langsam wieder in Bewegung setzt. Über die Zeit zwischen den Zeiten stand es still. Nichts sollten wir tun, sondern einfach einmal nur ruh'n.

Die Botschaften der Spirits galt es wahrzunehmen und die eigenen Empfindungen von Zeit und Raum einmal vollständig aufzulösen. Gesetze, die sonst das ganze Jahr über gelten, wurden ebenfalls aufgehoben. Nichts war »normal«. Eintauchen in den leeren Raum war gefragt. Kein Tun, kein Rennen, kein Leisten, kein Denken, kein Manipulieren, kein bewusstes Handeln. Einfach einmal nur SEIN, sich hingeben und vertrauen, wahrnehmen und spüren, bei sich bleiben und nicht im Außen nachsehen.

Sobald wir uns ganz auf sie einlassen und sie wirklich nutzen, tut sich in diesen Tagen und Nächten extrem viel. Wenn wir uns ihren Kräften hingeben, den Mut haben, wirklich bei uns nachzusehen und nicht bei anderen, dann löst sich so vieles und wird damit endgültig erlöst.

Jedes Jahr gehen wir freier und leichter daraus hervor und so spüren wir in diesen Tagen tatsächlich eine neue Leichtigkeit und Freiheit.

Die Energien beruhigen sich, während das neue Jahr sich zu bewegen beginnt. Das Jahresrad wird angestoßen und wir können unsere neuen Wege im eigenen Tempo, das gerne noch sehr gemächlich sein darf, beschreiten, denn noch ist es nicht an der Zeit, alle guten Vorsätze in die Tat umzusetzen. Die Natur befindet sich in der Winterruhe und genauso sollten wir auch noch etwas Ruhe geben.

Gut Ding braucht Weile!

Die zwölfte und letzte Raunacht wird auch »Nacht der Wunder« genannt, denn in ihr kann vieles gewandelt werden. Der Jahreskreis schließt sich und damit werden die Schleier vor der geistigen Welt wieder dichter. Heute kannst du alles wieder gut machen, was in der letzten Zeit nicht so gut gelaufen ist, und dir wünschen, was dir wirklich *wirklich* am Herzen liegt. Wünsche und Rituale sind jetzt besonders kraftvoll, somit ist es ein guter Zeitpunkt, um um Hilfe und Heilung für schwierige Lebenssituationen zu bitten oder auch darum, Neues auf einen guten Weg zu bringen.

Nimm dir Zeit, zünde eine Kerze an und lass die letzten 12 Nächte und Tage an dir vorüberziehen, ganz ähnlich, wie du im Dezember auf das Jahr zurückgeblickt hast. Welche Themen haben dich beschäftigt, welche Träume, Begegnungen und Erkenntnisse waren wichtig? Was nimmst du mit ins neue Jahr, was darf endgültig losgelassen werden?

Wenn du dir Notizen gemacht hast, lies sie jetzt in Ruhe durch und finde deine Essenz.

Wenn du magst, räuchere deine Räume ein letztes Mal mit Myrrhe, und dann, um Mitternacht, öffne alle Fenster und Türen und lass den Wind als Segen für das neue Jahr in dein Zuhause ein. Mit dem Gedanken, dass sich jetzt alles, was nicht mehr dient, lösen darf, damit Heilung geschieht und neue Energien einströmen können.

Begrüße das Jahr mit neugierigen Augen und wachen Sinnen, lass jeden neuen Tag sich in deinem Herzen entfalten, sodass es eine gute Zeit für dich wird. In schwierigen Momenten kann dir die Natur einen Raum schenken, in dem du innehalten und dich sammeln kannst.

Lebe den Moment!

Wir bekommen alle jeden Tag 24 Stunden Zeit geschenkt, doch wir betrachten sie sehr unterschiedlich – sie rast vorbei oder verfliegt, sie arbeitet gegen uns oder wir müssen sie einsparen, manchmal möchten wir sie anhalten, haben keine oder schlagen sie sogar tot. Zeit ist eine Maßeinheit, mit der wir dem Leben zeigen, was uns wirklich wichtig ist. Am Ende des Tages zählen in Wahrheit doch meist die Augenblicke, die wir mit Menschen geteilt haben, die uns am Herzen liegen. Oder aber die Zeit, die wir bewusst mit uns selbst verbracht haben.

Wie kostbar ist ein Tag deines Lebens? Stell dir immer wieder diese Frage, wenn du gehetzt und getrieben nur gut funktionierst oder die Zeit einfach absitzt, in Erwartung besserer Zeiten.

Gelingt es dir, den Großteil deiner Lebensstunden für das zu nutzen, wofür du brennst, bist du in Balance, im Einklang mit dir selbst.

Darum: Lebe den Moment! Wenn du dir über den Wert eines Augenblicks im Klaren bist, willst du ihn umso genauer erspüren, auskosten und stellst alle deine Sinne auf Empfang.

Hier hilft dir der Atem, denn er ist wie der Schlüssel, den du brauchst, um in die Welt einzutauchen, in der du die Zeit anhalten kannst. Er ist wie eine Brücke, über die wir in jeder Situation in unser Inneres gelangen können. Gleichgültig, wie groß Hektik und Stress um dich sind, durch das Atmen werden Augenblicke zu selbst-bewussten Augenblicken.

Hierzu gibt es eine wundervolle Gedankenstütze: Betrachte das Klingeln des Telefons als Gong, der dich an dein bewusstes Atmen erinnert.

Das Telefon klingelt – du atmest ein – du atmest aus – du spürst deine Lebendigkeit – du schenkst dir ein Lächeln – dann nimmst du das Gespräch entgegen.

Du bist ganz bei dir und kannst dem Menschen, der mit dir sprechen will, viel ruhiger und offener begegnen.

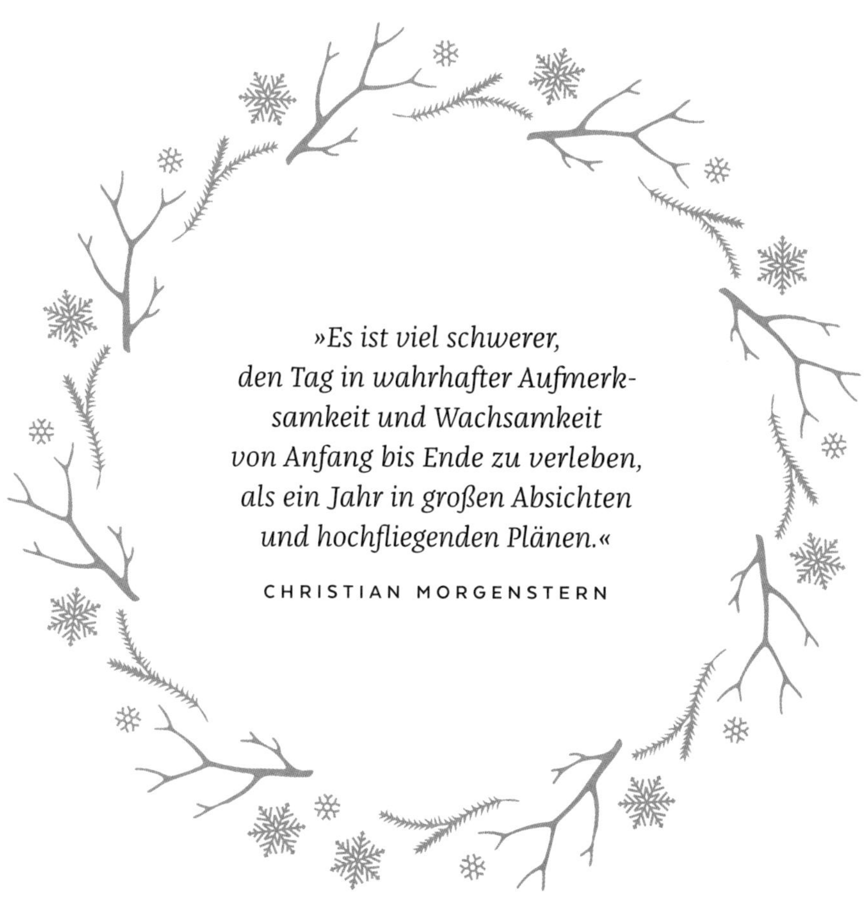

»Es ist viel schwerer,
den Tag in wahrhafter Aufmerk-
samkeit und Wachsamkeit
von Anfang bis Ende zu verleben,
als ein Jahr in großen Absichten
und hochfliegenden Plänen.«

CHRISTIAN MORGENSTERN

Zeit teilen und verschenken

Vor rund 150 Jahren hatte fast niemand eine Uhr, die Natur bestimmte den Rhythmus des Lebens, wir können die Zeit nicht zurückdrehen, aber wir können lernen, unsere innere Uhr zu hören, zu spüren, wie wir »ticken«. Und wir können uns bewusst Zeiten einrichten, in denen wir großzügig unsere Zeit verschenken – an Familie und Freunde, an Projekte am Arbeitsplatz oder im sozialen Bereich, die uns am Herzen liegen, an unsere Mitmenschen, einfach weil sie uns wichtig sind. Unsere Zeit zu teilen bedeutet, die Zeit mit dem Herzen wahrzunehmen, Wärme, Nähe, Aufmerksamkeit zu geben und gleichzeitig zu empfangen.

Zeit ist das kostbarste Geschenk, das du machen kannst. Schreib spontan auf, mit wem du deine Zeit demnächst teilen möchtest …

- gemeinsam kochen

- ins Kino gehen

- Hand in Hand Eis laufen

- gegenseitig ein Buch vorlesen

- lachen bis die Tränen kommen

- einen Schneemann bauen

Seiner Seele trauen
sich hineinbegeben
in unbekanntes Neuland
das uns erwartet.

Seiner Seele folgen
sich öffnen
hineinwagen
in einen Neuanfang
der hinausführt
aus dunkler Ungewissheit.

Wer achtsam ist,
kann seine Gedanken deutlicher hören,
auch die ver-rückten!

Februar

ZEIT FÜR
ORIGINALITÄT

Jetzt entfaltet der Winter seine stärkste Kraft. Im Gegensatz zum Hochsommer haben wir den Tiefwinter erreicht. Das Leben in der Natur scheint unter Eis und Schnee begraben zu sein, sie zeigt sich in Kälte und Klarheit: eine Landschaft, die den Blick festhält, in der nichts ablenkt, kalt die Farben des Himmels. Eiskristalle leuchten wie Sterne auf der Schneedecke, wenn sie im hellen Licht der Wintersonne blendend weiß erglänzt. Die Nächte sind noch viel länger als die Tage und in den langen klaren Winternächten können wir die Sterne am strahlendsten erleben. Und dennoch steigt nun die Sonne schnell und gewinnt an Kraft, sodass trotz der strengen Winterzeit die Säfte in den Bäumen und Sträuchern wieder zu steigen beginnen. Ähnlich ist es unter der Erde – sie ist gefroren, doch in ihrem Inneren sammeln sich die Lebenskräfte und die erwachende Schöpfung drängt erwartungsvoll einem Wachwerden entgegen. Damit, sobald es möglich ist, die ersten Frühlingsboten durch die noch harte Erde brechen können.

Es ist nun schon deutlich zu spüren, dass die Schwere und das Dunkle der letzten Wochen vorbei sind, das Leben kommt zurück!

Es ist die Zeit des uranischen Lebensprinzips, eine geistige Energie.

Uranus wird auf der physischen Ebene mit Strom, Elektrizität und unserem Nervensystem in Verbindung gebracht. Auf der geistigen Ebene steht er für das Originelle im Menschen, für Ideen, Geistesblitze und Visionen, die aus den noch undefinierten Ebenen kommen, er ist ständig auf der Suche nach Neuem und Ungewöhnlichem. Frei nach dem Motto: Der Raum ist voll von guten Ideen, wir müssen nur zugreifen und sie in uns hineinfallen lassen, einen Ein-Fall haben!

In seinem Denken ist er sehr kreativ, originell und revolutionär, die größte Faszination liegt im scheinbar Unmöglichen. Er ist ein »bunter Vogel«, der immer gut für Überraschungen ist, Witz und Situationskomik liebt und mit Vorliebe gegen den Strom schwimmt.

»Alle sind gleich, nur ich bin anders!«

Soziale Gerechtigkeit, Gleichheit unter Gleichen, wahre Demokratie, Freiheit und Idealismus sind hier die Themen. Kameradschaft und Fairness haben große Bedeutung, denn im Herzen haben alle Sonderlinge einen Platz – einzigartig sind wir alle, auch ohne zum Außenseiter werden zu müssen.

Uranus ist der Geistesblitz aus heiterem Himmel und Veränderung ist sein Lebenselixier, das Luftelement ist sein Zuhause.

In dieser Zeit steht die Sonne in dem Abschnitt des Tierkreises, den wir als »Wassermann« bezeichnen.

Die körperliche Entsprechung sind die Unterschenkel und die Sprunggelenke, die uns erlauben, auf dem Sprung zu sein und den Absprung zu schaffen. Die Muskeln in den Waden verleihen uns die Kraft dazu, damit wir uns im Springen und Tanzen über den Erdboden erheben können.

In diese Zeit fällt der Karneval, die Narrenzeit, in der die Menschen sich verkleiden und es wagen, ihr Innerstes nach außen zu bringen. Endlich darf für kurze Zeit das gelebt werden, was im Alltag unterdrückt wird, was sonst verboten oder sogar ver-rückt wäre.

Die offizielle Erlaubnis, die gewohnte Ordnung umzukehren, gepaart mit dem Mut, sich zu zeigen, bringen so manch närrische Variante zu Tage.

Ich bin einmalig

Wir leben mit so vielen Idealen und Vorstellungen, wie wir zu sein haben, dass die selbstkritische innere Stimme uns immer unzufrieden sein lässt. Wir können all unsere Vorzüge gar nicht richtig wahrnehmen, geschweige denn schätzen und finden tausend Dinge, die bei anderen besser, schöner, liebenswerter sind.

Sich mit anderen zu vergleichen ist ein sicheres Mittel, sich selbst unglücklich zu machen, denn vor unserer inneren Jury schneiden wir immer schlecht ab. Mit sich selbst nähere Bekanntschaft machen, die Person, die man ist, besser kennen- und einschätzen lernen, einen liebevollen Blick entwickeln ..., auch das kann das Ergebnis von mehr Achtsamkeit im Leben sein.

Schreib hier auf, wie du bist – was macht dich aus, was macht dich so einzigartig? Du kannst dafür auch immer wieder dein Achtsamkeitsbüchlein verwenden!

Hausmittel gegen den Winterblues

Ein Mangel an Tages- und Sonnenlicht kann zu winterlicher Melancholie führen. Das beste Mittel dagegen ist ein sinnliches Erlebnis in der frischen Winterluft. Wenn Raureif oder Schneekristalle wie ein Zuckerguss auf den Dächern und Bäumen glitzern, ist es das perfekte Wetter dazu.

Zieh dich warm an, nimm Mütze und Handschuhe und geh hinaus in die verschneite Natur. Lass dir den Winterwind um die Nase wehen, atme tief und ruhig und beobachte die Wölkchen, die aus deinem Mund kommen. Nimm das Knirschen des Schnees unter deinen Füßen wahr und die beißende Kälte auf deinem Gesicht.

Mag sein, dass erste Flocken vom Himmel schweben, kleine Sternchen, die über Bäume und Steine wirbeln und alles verwandeln, weicher machen und leiser. Schau ihnen beim Tanzen zu und genieß die Ruhe, die sich ausbreitet.

Wenn du dann mit kalten Ohren und rosigen Wangen nach Hause kommst, deine klammen Hände aneinanderreibst und spürst, wie die Wärme wieder in deinen Körper zurückkehrt, ist das ein ganz besonderer, sinnlicher Augenblick.

»Im Grunde des Herzens
eines jeden Winters
liegt ein Frühlingsahnen
und hinter dem Schleier jeder Nacht
verbirgt sich ein
lächelnder Morgen.«

KHALIL GIBRAN

Gewohnheiten hinterfragen

Wir lieben unsere Gewohnheiten, denn sie machen das Leben einfacher, aber mit der Zeit auch farbloser. Deshalb lohnt es sich, sie immer wieder zu hinterfragen, damit wir über unsere Komfortzone hinauswachsen können.

Wenn du dein Leben neu und intensiver wahrnehmen möchtest, dann solltest du von Zeit zu Zeit etwas anderes machen und Gewohnheiten aufgeben, die du vielleicht sogar für wichtig hältst. Dazu gehört natürlich eine gewisse Offenheit und Neugier.

Fordere dich ruhig ein bisschen, verzichte morgens auf den Milchkaffee, um festzustellen, dass du ohne ihn viel ruhiger in den Tag startest, nimm einmal das Fahrrad statt des Autos, den Lift statt der Treppe, putz die Zähne mit der anderen Hand, nimm einen anderen Platz beim Essen ein, besuche ein anderes Restaurant als deinen Stamm-Italiener, ruf deine Mutter an, obwohl du das sonst nur sonntags machst ...

»Wundern ist gesund«, sagte einst der kleine Kobold Pumuckl zu Meister Eder und er hatte recht. Es tut gut, etwas neu zu sehen, sich mit etwas Unerwartetem zu konfrontieren, vom üblichen Weg der Gedanken abzukommen.
Wenn unser Leben gleichförmig geworden ist, weil wir Herausforderungen meiden und am liebsten den alten Pfaden treu bleiben, dann gewöhnen wir uns auch das Wundern ab, den achtsamen Blick auf das Leben mit all seinen Schönheiten.

Such dir doch jetzt gleich eine kleine Anregung aus, die du ausprobieren möchtest, und lass dich dadurch ermutigen, weitere Schritte zu wagen!

Wie lange sind fünf Minuten?

Wir sind es gewohnt, uns permanent zu beschäftigen oder beschäftigt zu werden. Je mehr wir beschäftigt sind, desto schwerer fällt es, uns selbst bewusst wahrzunehmen. Je lauter die Geräusche und Stimmen von außen, desto leichter überhören wir die eigene innere Stimme. Deshalb kann es richtig guttun, hin und wieder aus diesem Korsett auszubrechen, sich abzuschotten und in sich hineinzuhorchen. Kein Radio, kein Handy – nichts!

Versuch einmal fünf Minuten, nichts zu tun. Setz dich hierzu aufrecht hin, leg die Hände auf deinen Oberschenkeln ab und schließe deine Augen, atme ruhig ein und aus und konzentriere dich auf deinen Atem.

Wenn du so zur Ruhe gekommen bist, nimm dich bewusst wahr.
Nimm dir Zeit, atme ruhig und horche in dein Inneres …

Mag sein, dass dir anfangs fünf Minuten ganz schön lange werden, lass dich davon nicht abbringen, es bringt schon viel, mit ein paar Minuten zu beginnen.

Wenn du mit der Zeit spürst, dass du dich dabei wohlfühlst und dir Meditation guttut, kannst du sie zu einem täglichen Ritual werden lassen und die Zeit sogar immer mehr ausdehnen.

Inspirationen meines Lebens

Hast du Robin Williams in seiner Rolle als Lehrer John Keating im Film »Der Club der toten Dichter« gesehen? Dort ermutigt er seine Schüler, Eigeninitiative zu entwickeln und zu erkunden, was in ihnen steckt. Indem sie selbst Gedichte verfassen und die Poesie der großen Lyriker neu und mit dem Herzen begreifen, entdecken einige von ihnen ihre ureigensten Wünsche und Träume. Die Schüler erfahren, wie beglückend es sein kann, sich selbst ernst zu nehmen, dem zu folgen, woran ihr Herz hängt.

Es gibt so viele inspirierende Filme, Bücher und auch reale Menschen.
Wie viele inspirierende Lese- und Seherlebnisse hast du schon gehabt?
Welche wunderbaren Menschen hast du kennengelernt, die, durchaus mit Ecken und Kanten, wichtig für dich wurden? Ja, auch Lehrer!
Es fühlt sich gut an, an diese Menschen zu denken oder sie wieder zu treffen. Sich an die Filme zu erinnern. Bücher ein zweites, drittes und viertes Mal zu lesen.

Natürlich verändern sich die Gefühle und auch Gedanken zu diesen Erinnerungen. Manch einen Menschen sehen wir heute mit anderen Augen. Bei einigen Filmen stört uns vielleicht das Pathos, welches wir als Jugendliche gar nicht wahrgenommen haben. Und bei dem ein oder anderen Buch fragen wir uns, was wir einmal daran gefunden haben.
Dennoch: Viel Wertvolles bleibt. Und zu ihrer Zeit hatten all diese Erlebnisse und Begegnungen ihren Sinn und waren wichtig.
Wir entdecken dabei einen großen Schatz bewegender Erinnerungen und können sogar Dankbarkeit für all diese wundervollen Menschen, Bücher und Filme spüren.

Vielleicht hast du Lust, dich auf eine kleine Erinnerungsreise zu begeben. Eine Reise zu den Menschen, Filmen, Büchern oder Situationen, die dich inspiriert haben. Du kannst deine Notizen auch in das Achtsamkeitsbüchlein eintragen, wenn du magst.

Suche Antworten auf folgende Fragen:

- Welche Filme waren für dich wichtig?

- Welche Filmfiguren haben dich inspiriert, etwas in deinem Leben zu verändern?

- Bei welchen Filmen hast du gedacht oder denkst du auch heute noch: Das will ich auch erleben.

- Welches Buch hat deine Sichtweise auf dein Leben oder dich selbst verändert?

- Welche Erkenntnis hat dich womöglich so sehr beeindruckt, dass du etwas verändert hast?

- Welche Menschen haben dich berührt? Wer hat dich inspiriert, ermutigt, gestärkt?

- Gibt es Menschen, die deine Entscheidungen wesentlich beeinflusst haben? Ohne die vielleicht alles anders gekommen wäre?

- Was wäre in deinem Leben anders, wenn du nicht einem bestimmten Menschen begegnet wärst? Ein besonderes Buch gelesen hättest? Einen Film angeschaut hättest?

Vielleicht kramst du ja das eine oder andere alte Buch oder einen deiner Lieblingsfilme noch einmal hervor und lässt dich neu davon inspirieren!

Entfalte deine Buntheit

Hin und wieder tut es gut, die Leichtigkeit des Seins zu spüren, etwas unangepasster, spontaner, übermütiger oder sogar ein bisschen ver-rückt zu sein.

Lebe deine spielerische Seite, falle aus deiner Rolle, tu einfach, worauf du gerade Lust hast, ohne auf deine vernünftige innere Stimme zu hören, die dir sagt, du seist zu sprunghaft oder zu frech. Löse dich gelegentlich aus dem engen Korsett deines geordneten, geregelten Lebens mit all den festen Strukturen und Pflichten und lass dir witzige, befreiende Dinge einfallen, sei albern und folge deinen spontanen Einfällen.

Mach dir eine Liste, ohne lange nachzudenken, ob es sinnvoll ist oder nicht, und probier es einfach mal aus!

Hier ein paar Anregungen:

- Ganz spontan verreisen nach Venedig, Passau oder an den nächsten See

- Zum Bahnhof gehen und den nächsten Zug nehmen, egal wohin

- Die Einkaufsliste zeichnen statt sie zu schreiben

- Einen Schneemann bauen oder eine wilde Schneeballschlacht anzetteln

- Im Regen auf der Straße singen oder in die Pfützen springen

- Sandburgen bauen am Strand oder in einer Sandkiste

- Freihändig auf dem Fahrrad fahren

Brief an meinen Engel

Engel umschweben uns, sie sind immer da, wo wir auch gehen. Sie lieben uns bedingungslos, beschützen uns, helfen und unterstützen uns, wir müssen sie nur darum bitten. Kinder beten oft zu ihrem Schutzengel, manche tragen auch ein Kettchen mit einem solchen um den Hals. Mit dem Erwachsenwerden geraten dann die Engel mehr und mehr in Vergessenheit.

Wie sieht dein Engel aus? Trägt er Jeans und Lederjacke oder ein weißes, wallendes Gewand? Hast du ihm einen Namen gegeben?

Ist dein Engel schon einmal in einen Burnout geraten, weil du ihn so gestresst hast?

Wann hast du das letzte Mal mit deinem Engel gesprochen? Worum hast du ihn gebeten?

Setz dich in Ruhe hin und nimm Kontakt mit deinem Engel auf!
Frag ihn, was dir auf dem Herzen liegt, schütte ihm dein Herz aus und dann schreib ihm einen Brief!

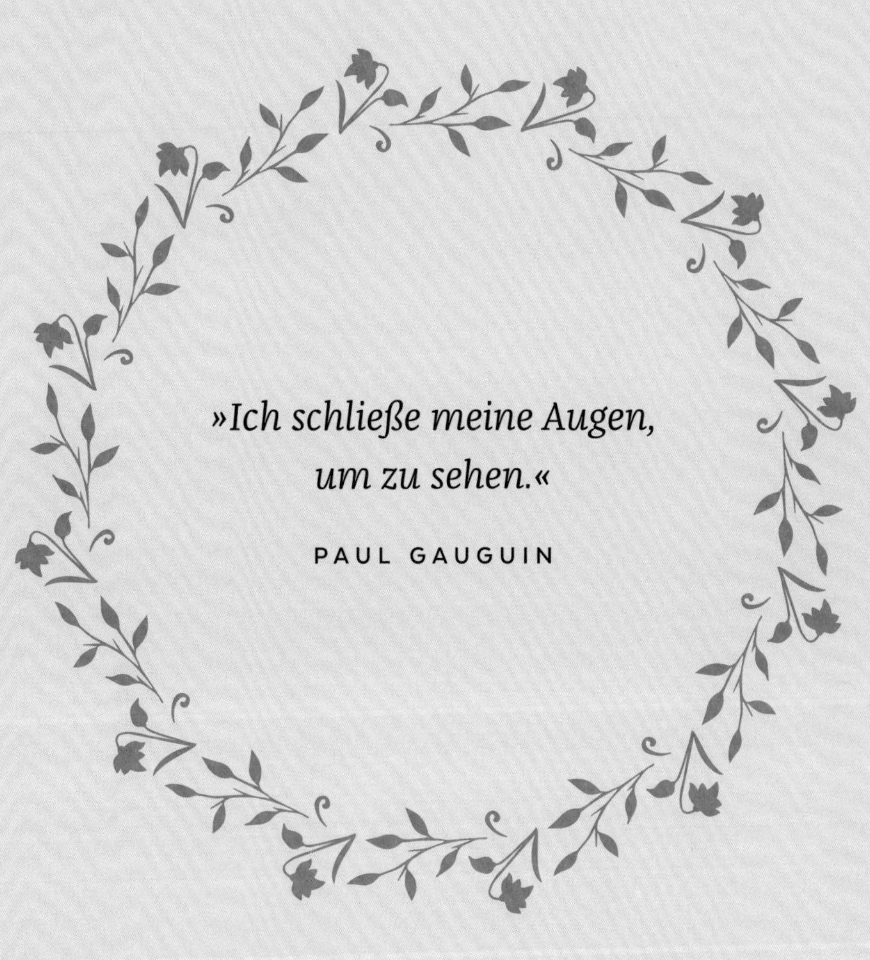

»Ich schließe meine Augen,
um zu sehen.«

PAUL GAUGUIN

März

ZEIT DES ERWACHENS

In der Natur ist deutlich zu spüren, dass ein Zyklus sich vollendet. Es ist die Übergangszeit vom Winter zum Frühling, wo alles Gefrorene, Erstarrte und Verhärtete eingeschmolzen und aufgelöst wird und das Wasser das ganze Erdreich durchdringt, damit das Keimen und Sprossen neu beginnen kann. An manchen Pflanzen zeigen sich schon dicke Knospen, andere halten noch ihren Winterschlaf. Hin und wieder ist ein mutiger Vogel zu hören, der sein fröhliches Lied trällert. Eine Dynamik ist spürbar, die nach Aufbruch drängt, noch liegt Vieles im Verborgenen, Altes löst sich auf, Neues bereitet sich vor, aber es braucht noch seine Zeit, das Ungeformte sichtbar werden zu lassen. Zu diesem Zeitpunkt ist die Verbindung zum Mysterium der Natur besonders stark spürbar, selbst im Augenblick der Vollendung gibt es ein kurzes Innehalten.

Das Bewusstsein, wie wichtig es ist, etwas richtig zu beenden, innezuhalten und den Raum dazwischen zu würdigen, um dann erst neu zu starten, ist das große Geschenk dieser Zeit.

Es ist eine Zeit des Übergangs, als ob wir langsam aus dem Schlaf erwachen und uns noch in einer Zwischenwelt befinden würden.

Der Neubeginn wird schon vorbereitet, unter der Erde und am Himmel, bald ist es soweit, sich mit freudiger Erwartung dem Neuen zu stellen und den beginnenden Sieg des Lichtes in der Frühlings-Tagundnachtgleiche zu feiern.

Nach der närrischen Zeit, die den Winter symbolisch ausgetrieben hat, kommt nun die Fastenzeit, in der wir in Stille und Achtsamkeit Körper und Geist reinigen können, um auf einen neuen Lebenszyklus vorbereitet zu sein.

Urprinzipiell ist es die Zeit von Neptun, der über den weiten Ozean herrscht, in dem Himmel und Erde verschmelzen und eins werden.

Stärken dieses grenzauflösenden Prinzips liegen im Urvertrauen, in seiner Intuition und selbstlosen Hingabefähigkeit, aber auch in der Spiritualität. Medial und feinfühlig lassen sich verborgene Zusammenhänge ebenso erahnen wie die Wirklichkeit hinter der sichtbaren Welt erspüren, es geht um den Glauben und alles, was die Grenzen des Wahrnehmbaren überschreitet, alles Geheime, Unsichtbare, Mystische. Sein großes Geschenk sind Durchlässigkeit und »kosmische Antennen«, die Übersinnliches und Feinstoffliches erspüren lassen. Dieser Archetyp ist beseelt durch die Verbundenheit zu allen fühlenden Wesen, durch allumfassende Liebe und tiefes Mitgefühl jenseits aller Grenzen.

»Nur durch die Liebe finden wir Sinn. Wenn wir in Liebe aufgehen, werden wir Sinn«, sagt der Benediktinermönch und spirituelle Lehrer Bruder David Steindl-Rast.

Im Bewusstsein der Allverbundenheit sind bei Neptun die Grenzen aufgelöst und allumfassende Liebe fließt. Seine Heimat ist das Wasserelement. Es ist die Zeit der »Fische«.

Auf der Körperebene gehören die Füße hierher, unsere »Flossen«, die letzten Gliedmaßen unseres Körpers von oben nach unten betrachtet. Sie verkörpern mit jedem Schritt den Beginn und das Ende eines Zyklus: das Betreten eines Pfades und das Erreichen eines Zieles. Darüber hinaus spiegelt der Fuß als »Landkarte des Körpers« den ganzen Menschen.

Eine kleine Fastenkur

»Jeder kann zaubern, jeder kann seine Ziele erreichen. Wenn er denken kann, wenn er warten kann, wenn er fasten kann«, sagt der deutsche Dichter Hermann Hesse. Es ist geradezu en vogue, in der Fastenzeit auf Genussmittel zu verzichten oder auf Fernsehen und soziale Netzwerke. Genauso wie es befreiend wirkt, den Schreibtisch oder Schrank zu entrümpeln, kann auch Fasten im ursprünglichen Sinn befreiend auf Körper und Seele wirken und eine Chance sein, loszulassen und sich neu zu orientieren.

Essen und Fasten gehören zusammen, wie Wachsein und Schlafen, wie Ein- und Ausatmen, es sind zwei Seiten derselben Medaille in unserem natürlichen Lebensrhythmus. Wir leben einen ständigen Wechsel zwischen Essens- und Fastenperioden, nur die Dauer ist veränderbar. Essen ist heute so selbstverständlich und im Überfluss vorhanden, dass die Fastenperioden immer kürzer werden. Um die Selbstheilungskräfte zu aktivieren, müssen wir dem Körper ein Signal geben. Eine bewusste Essenspause ist ein solches.
Idealerweise nimmt man sich jedes Jahr eine Fastenauszeit zur Regeneration für Körper, Geist und Seele, denn dieser Verzicht schenkt eine Fülle von Dingen, die es zu entdecken gilt. Bewusstes Fasten ist keine Nulldiät, denn es geht in erster Linie nicht ums Abnehmen (obwohl das ein angenehmer Nebeneffekt ist), es ist die Chance auf eine Neuorientierung im Körper-Geist-Seele-System. Eine Woche Fasten stellt unser gesundes Gleichgewicht wieder her, die »Reset«-Taste wird gedrückt und wir fühlen uns wie neu geboren!

Jedem Fasten wohnt ein Zauber inne – der Zauber des Neuanfangs.

Klassisches Fasten läuft so ab:

- Zwei Entlastungstage, an denen man nur wenig Gemüse, Reis oder Kartoffeln isst oder Säfte trinkt.

- Zu Beginn eine Darmentleerung mit einem Einlauf oder Glaubersalz, während der Fastentage zumindest alle zwei Tage einen Einlauf machen.

- Fünf bis zehn Tage Verzicht auf feste Nahrung – nur stilles Wasser, Tee, Gemüsebrühe ohne Salz und eventuell verdünnte Säfte sind erlaubt.

Wichtig ist, viel zu trinken, achtsam mit sich zu sein und alles langsamer anzugehen. Viel Ruhe, Wärme und lange Spaziergänge an der frischen Luft unterstützen den Fastenprozess. Anfangs ist alles etwas gewöhnungsbedürftig, nach drei Tagen fühlt man sich in der Regel sehr gut.

- Klassischerweise wird das Fasten mit einem Apfel gebrochen, der auch geschmort sein kann und besonders achtsam gegessen wird.

- Mindestens zwei bis drei Aufbautage, an denen man nur ganz langsam wieder beginnt, feste Nahrung ohne Salz zu sich zu nehmen. Diese Tage sind für die Achtsamkeit besonders bedeutsam, den durch den Verzicht schmecken die einfachsten Dinge wie ein Apfel oder ein Stück Brot viel intensiver, alle Sinne sind viel sensibler geworden, darüber hinaus ist man schneller satt.

Am besten nimmt man sich aus dem Alltag und gönnt sich diese Tage fern der Arbeit, eventuell sogar in einer Gruppe unter Gleichgesinnten (www.dorothea-neumayr.com).

Es gibt viele verschiedene Möglichkeiten, den Körper mit einer Pause zu entlasten und ihm Kraft für Regeneration und Selbstheilung zu schenken. Im Prinzip ist es gleichgültig, welche Variante man wählt, Hauptsache, man gönnt dem Körper immer wieder einmal eine Essenspause, wichtig ist, dass sie dann sorgfältig und konsequent durchgeführt wird.

Grünes Fasten

Wer sich zu viel vornimmt, besonders beim Verzicht auf Essen, der scheitert oft daran. Es muss ja nicht gleich das klassische Fasten sein, auch längere Pausen zwischen den Mahlzeiten und regelmäßige Trinktage regen die Selbstheilung an, denn sie bringen den Körper wieder zurück in seinen natürlichen Rhythmus und wir bleiben gesund. So kann man ganz einfach mit grünen Smoothies den Körper entlasten und mit wertvollen Pflanzenbestandteilen die Zellen und damit jedes Gewebe stärken und den Darm sanieren.

Wichtig ist der hohe Anteil an grünem Blattgemüse und Wildkräutern, die nur mit wenig Obst abgeschmeckt werden. Das kräftige, wilde Aroma der zarten Frühlingskräuter reinigt unser Innenleben und schärft die Sinne.

Beispiel für einen Smoothie-Tag:
Morgen-Smoothie – bestehend aus Blattgrün mit wenig Apfel, Birne oder Ananas und Wasser oder Kokoswasser
Mittags-Smoothie – er kann etwas gehaltvoller sein, indem man eine halbe Avocado oder ein Stück Banane und ein paar Nüsse zufügt. Wer einen Energiekick braucht, kann etwas Matchapulver zugeben.
Abend-Smoothie – ihm könnte etwas Kokosnussöl zugefügt werden.

Rezept für einen Morgen-Smoothie:
Je 1 Handvoll junger Spinat und Wildkräuter oder Feldsalat, ein Stück Salatgurke und ½ Apfel waschen und schneiden. ½ Zitrone auspressen und alles mit ca. 250 ml Wasser im Standmixer pürieren.

Atemübung für aktives Denken

Diese Übung stammt von dem buddhistischen Lehrer Thich Nhat Hanh und zeigt, wie uns aktives Denken zu tiefem Frieden und Verständnis führen kann. Wenn man sie bewusst und achtsam macht, führt sie schnell in einen tiefen Zustand der Ruhe und Entspannung. Bewusstes Ein- und Ausatmen hilft uns, den gegenwärtigen Augenblick in Klarheit und Stille wahrzunehmen.

Setz dich aufrecht hin und schließ deine Augen. Beobachte nur das Kommen und Gehen deines Atems. Dann sag die Wörter des ersten Verses zu dir selbst, während du ruhig und tief ein- und ausatmest.

Wiederhole den Vers fünf- bis zehnmal, bis du, wie der Mönch sagen würde, »gestoppt hast, still bist und deine wahre Heimat des gegenwärtigen Augenblicks erreicht hast«.
Dann geh zum nächsten Vers und wiederhole diesen so oft, bis du dich so ruhig fühlst, dass du zum nächsten Vers übergehen kannst.

Vers 1: *Atme ein, ich sehe mich als Blume. Atme aus, ich fühle mich frisch – Blume, Frische.*

Vers 2: *Atme ein, ich sehe mich als Berg. Atme aus, ich fühle mich kräftig – Berg, Kraft.*

Vers 3: *Atme ein, ich sehe mich als stilles Wasser. Atme aus, ich reflektiere Dinge so wie sie sind – Wasser, Reflexion.*

Vers 4: *Atme ein, ich sehe mich als Raum. Atme aus, ich fühle mich frei – Raum, Freiheit.*

Merk dir: Der Weg – das, was du im Augenblick tust – ist das Ziel.

Auf dem Weg zur eigenen Mitte – Mandala malen

Das Wort Mandala stammt aus dem Sanskrit und bedeutet Kreis, hat aber noch eine tiefere Bedeutung. Mandalas kommen in allen Kulturen vor, im Buddhismus und bei den Indianern genauso wie in der christlichen Kirche in Form von Kirchenfenstern und Bodenmosaiken, aber auch überall in der Natur in Blüten, Schneesternen und unseren Augen. Es ist im Wesentlichen ein Symbol für den Kosmos, für alles Leben und unseren Lebensweg und es erinnert an die Unendlichkeit.

Zieh dich an einen Ort zurück, an dem du ungestört bist und dich wohlfühlst. Halte einen Augenblick inne, schließ die Augen und atme ein paarmal tief und bewusst.

Dann nimm Bunt- oder Filzstifte, mische die Stifte ohne hinzusehen mit der linken Hand (intuitiv) und nimm dann blind einen Stift, mit dem du das Mandala rechts von innen nach außen oder umgekehrt zu malen beginnst. Bleib dabei mit deiner Aufmerksamkeit beim Malen, bis du ruhig wirst wie bei einer Meditation.

Lass dich durch nichts ablenken – nur achtsam malen, nach dem Motto: »Wenn du gehst, dann gehe, wenn du sitzt, dann sitze. Wenn du arbeitest, dann arbeite – wenn du ein Mandala malst, dann male ein Mandala.«

Es geht nicht darum, dass das Mandala möglichst perfekt und schön wird. Es muss auch nicht fertig werden, denn das Ergebnis ist nicht wichtig. Es geht vielmehr um das Malen an sich, um die achtsame Zeit mit dir selbst.

Vom Zauber des Anfangs

Das erste Lächeln, der erste Schritt, das erste Wort … Ein kleines Kind schlägt beinahe täglich ein neues Kapitel auf. So vieles gibt es zu entdecken, so vieles zu lernen. Und das bleibt auch in der Jugend so: der erste Kuss, das erste Mal verliebt …

Im Laufe der Zeit werden die ersten Male weniger, unser Leben verläuft zunehmend in den gleichen Bahnen und irgendwann bemerken wir, dass die Zeit immer schneller zu vergehen scheint. Wir befinden uns im Bereich der »Komfortzone« und es geht uns gut darin, aber wir erleben immer weniger, was unser Gehirn als Anregung und Bereicherung empfindet. Unser Gehirn sehnt sich nach weiteren ersten Malen!

Natürlich können wir die Lebensuhr nicht zurückdrehen, den ersten Kuss niemals wiederholen, aber unsere Welt ist so unglaublich reich an Schönheit, die wir entdecken dürfen, wenn wir offenen Herzens sind. So wie Christian Morgenstern gesagt hat: »Man sieht oft etwas hundertmal, tausendmal, ehe man es zum allerersten Mal wirklich sieht.« Und auf einmal ist sie da – die Möglichkeit, die Welt wieder mit den Augen eines Kindes zu sehen und neu zu entdecken!

Am 20./21. März ist Frühlingsbeginn, dieser Neubeginn ist im ganzen Jahreslauf nie deutlicher zu spüren und zu sehen als jetzt. Es ist die Geburtsstunde der Natur, überall herrscht Aufbruchstimmung, was auch uns Menschen hilft wach zu werden und unsere Aufmerksamkeit auf das Kommende zu richten. Die Tage sind nun länger als die Nächte, zyklisch gesehen befinden wir uns jetzt in einer Phase des Neubeginns auf allen Ebenen. Selbst die Kirche richtet sich mit ihren Festen Ostern, Himmelfahrt und Pfingsten nach diesem kosmischen Rhythmus.

Geh hinaus in die Natur, mach dich auf die Suche nach den ersten Frühlingsboten, nimm wahr, wie sie aufwachen, sprießen, sich dem Licht und der Sonne entgegenrecken. Wie die Knospen an den Bäumen schwellen, die Vögel ihr Lied trällern, die ersten Bienen summen. Horch auf die Sprache deines Körpers, fühl den Gesang deiner Seele und folge der liebevollen Führung deines Herzens. Schau mit staunenden Augen und lass dich überraschen, was es alles zu entdecken gibt.

Bewahre dir einen stillen, geheimen Platz in deinem Herzen, wohin deine Träume gehen können.

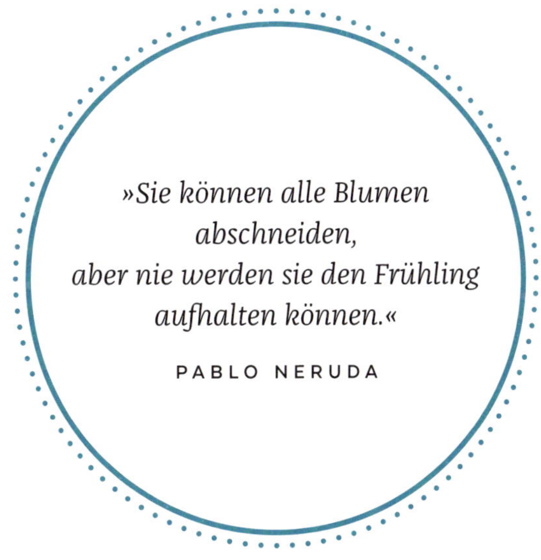

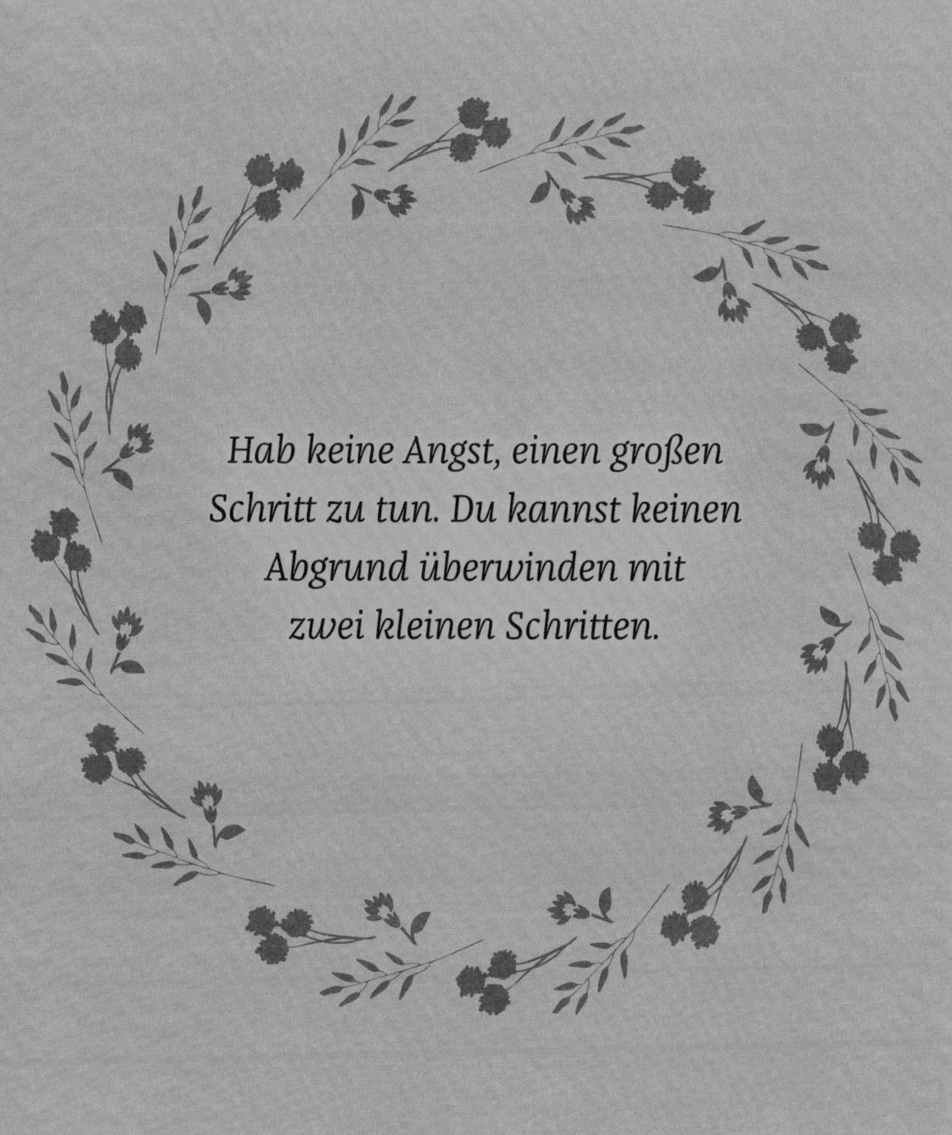

Hab keine Angst, einen großen
Schritt zu tun. Du kannst keinen
Abgrund überwinden mit
zwei kleinen Schritten.

April

ZEIT DES
AUFBRUCHS

Mit der Frühlings-Tagundnachtgleiche hat der Siegeszug der lebensweckenden Sonnenkräfte über das Dunkel begonnen, die Tage sind länger als die Nächte, der Winter ist nun besiegt, es herrscht Aufbruchstimmung. April lässt sich auf das lateinische Wort »aperire« zurückführen, das »öffnen« bedeutet. Die Natur entfaltet nun ihr prachtvolles Farbenkleid und wir fangen an, uns wieder nach außen zu öffnen. Eine Stimmung von Aufbruch, Wachsen und Lebendigwerden breitet sich aus, das neue Leben setzt sich unmissverständlich durch.

Die langen unsichtbaren Vorbereitungen unter der Erde entfalten nun eine ungeheure Kraft, mit der die zarten Triebe die gerade noch gefrorene Erde durchbohren und sogar Schneereste durchbrechen, die ihrem Drang nach Licht und Sonne im Wege stehen. Es ist wie ein Wunder, dass dieser Durchbruch so plötzlich und spontan, manchmal über Nacht, geschieht. Es ist die Urkraft des Lebens, die die lebendige Schönheit der Natur nach langem Verzicht wieder sichtbar werden lässt, mit saftigem Grün und kräftigem Gelb.

Überall in der Natur werden jetzt durch die innere treibende Kraft die äußeren Begrenzungen gesprengt, um freien Raum zu schaffen für neues Leben und um von der Erde Besitz zu ergreifen.

Diese starke neue Kraft berührt auch uns. Tief beeindruckt beginnen wir zu hoffen, Freude und Aufbruchstimmung breiten sich aus, sie schenkt uns Lust auf Leben – warme Sonnenstrahlen auf der Haut, Kribbeln im Bauch und das Lächeln in den Gesichtern der Menschen.

Wir werden eingeladen, es wieder neu mit dem Leben aufzunehmen, mutig dem Jahreskreislauf zu folgen und das Vergangene zurückzulassen.

Es geht weiter, es gibt einen Neubeginn und eine Zukunft, der Weg ist frei für eine neue Jahresreise.

Urprinzipiell ist es die Zeit des Mars, er ist ein Held, ein Eroberer und Pionier, der die Freude der ungestümen Kraft und des Mutes in sich trägt. Sein Feuer kann das Feuer der Begeisterung in uns entfachen, wenn er neue, kraftvolle und entscheidende Impulse gibt. Er ist der Lichtbringer, der mutig dunkle Räume ausleuchtet. Alle Herausforderungen sind hier zu Hause und der Mut zur Entscheidung, damit wir das Schwert aus der Scheide ziehen, uns ent-scheiden, um dann entsprechend zu handeln. Wenn wir das Leben in Angriff nehmen, jeder Schwierigkeit die Stirn bieten, das heißt, sie konfrontieren, wenn wir mit lebensbejahender, freudiger Impulskraft Türen öffnen und Dinge in Bewegung setzen, wenn wir mit dem uns innewohnenden starken Willen bereit sind, unsere Ziele zu erreichen, dann sind wir auf den Spuren von Mars unterwegs. Seine Geschenke sind Mut, Willensstärke, Entschlusskraft, Konfliktbereitschaft und Risikofreude.

Die Chance, erste Schritte zu tun und Neuland zu erobern, liegt in dieser Zeitqualität, die dem Feuerelement zuzuordnen ist. In dieser Zeit steht die Sonne in dem Abschnitt des Tierkreises, den wir als »Widder« bezeichnen. Auf der Körperebene gehören alle Muskeln hierher, aber auch die roten Blutkörperchen, die Gallenblase, der Kopf als die Spitze unseres Körpers und all unsere »Waffen« – die Zähne, die zeigen, wie viel »Biss« wir haben, die Finger- und Zehennägel – unsere »Krallen«.

Die Zeit der Leichtigkeit

Das Leben ist zurück auf der Erde, es hat spürbar und sichtbar neu begonnen. Den Winter über war es tief drinnen in der Erde, gut behütet von der großen, weisen Mutter, und jetzt kehrt es verspielt, fröhlich und leicht auf die Erde zurück. Die Vergangenheit ist vergangen. Was vorbei ist, ist vorbei. Jetzt beginnt eine neue Zeit, die Zeit der Neuorientierung.

Also gilt es jetzt Bilanz zu ziehen, uns von allem zu verabschieden, was uns zur Last geworden ist – Altes, Verbrauchtes und Überlebtes loszulassen und dem Neuanfang ein freies Feld zu schaffen.
Zuerst muss der Winter mit all seiner Erstarrung, seiner Schwere und Dunkelheit weichen, müssen wir alte Hüllen ablegen und aus dem Weg räumen, was sich überlebt hat: Kleidung, Einstellungen oder verblasste Träume. Jetzt weht ein anderer Wind. Ein Wind, der uns antreibt, wieder hinauszugehen, lebendig und unbeschwert wie die Kinder. Er beschenkt uns mit der Kraft der Leichtigkeit, der Unbekümmertheit und des neuen Lebens, das sich durch nichts mehr bändigen lässt. Mit ihm dürfen auch die bunten Farben, Düfte und Wünsche in unser Leben zurückkehren.

Gib all den Ballast deines Lebens weg, der weg will. Entscheide ganz bewusst, was du weggeben kannst an Gewohnheiten, Gedanken oder auch materiellen Dingen – weil sie sich ein für alle Mal überlebt haben. Ähnlich wie beim Frühjahrsputz kannst du nun die starke Impulskraft auch zur inneren Reinigung nutzen.

Es ist Zeit, die Karten neu zu mischen und frei heraus ein neues Spiel zu wagen!

Die Grünkraft Gottes

Die Mystikerin Hildegard von Bingen hat gesagt: »Es gibt eine Kraft aus der Ewigkeit und diese Kraft ist grün.« Immer wieder spricht Hildegard von der »viriditas«, der Grünkraft Gottes. Grün ist für sie die heilige Farbe, eine »Herzkraft himmlischer Geheimnisse, die die Herrlichkeit des Irdischen nicht fasst«.

Diese Kraft wirkt in allem Grünen, den Pflanzen und der Natur, aber auch im übertragenen Sinne in allem, was lebt. Grün ist die Keim- und Schöpfungskraft, es ist die Mischung aus Gelb und Blau, aus dem Licht der Sonne und der Farbe des Wassers, zwei für das Leben zentrale und unverzichtbare Dinge.

Jetzt ist endlich die Zeit gekommen, wo sich erstes Grün zeigt, zaghaft zuerst, bald aber schon stark und vor Kraft strotzend. Es ist die Grundkraft, die in der gesamten Natur zu finden ist und auch im gesunden Menschen. Bei Krankheiten wird sie schwächer, durch Nähe zur Natur kann sie gestärkt werden.

Geh hinaus in die Natur, vielleicht hast du eine Lieblingswiese oder du suchst dir eine. Lass dich hineintreiben und deinen Platz finden. Dann leg dich in das saftige, grüne Gras, streck dich aus und schließe deine Augen.

Stell dir nun vor, dass die Säfte und Kräfte aus den Gräsern, Blumen und Kräutern deinen Körper durchströmen, erfrischen und beleben und spür, wie unglaublich gut es dir tut.

Lass für Augenblicke alle Beschwernisse hinter dir, das Wahrnehmen des Kleinen, des Duftes der Gräser, der zarten Blüten in der Wiese genügt.

Alle Farben von GRÜN

»Alles im grünen Bereich?« Die Natur ist eine unerschöpfliche Quelle von Metaphern, selbst wenn wir nicht sonderlich naturverbunden sind, verstehen wir ihre universelle Sprache. Jede Farbe besitzt eine für sie typische Wellenlänge und Energie und hat somit eine andere Wirkung auf unsere Seele und unseren Körper. Grün ist die Farbe der Natur. Sie beruhigt, harmonisiert und steht für Sicherheit, Hoffnung und Heilung. Das erste saftige Grün zwischen Grau und Braun nach einem langen Winter lässt uns einfach nicht an ihm sattsehen!

Nimm dir etwas Zeit, such dir einen ruhigen Ort und schließ die Augen. Dann stell dir vor, der Raum um dich herum wird etwas heller. Licht strahlt von allen Seiten herein – angenehm grünes Licht umgibt dich und erfüllt den ganzen Raum. Du atmest es ein und spürst es auf deiner Haut. Es ist die Farbe einer uralten Kraft. Sie umgibt dich und durchwirkt dich, erfüllt dich ganz tief.

Genieß für einige Atemzüge diesen heilenden Zustand.
Wenn du dann die Augen öffnest, leb dich hier in allen erdenklichen Nuancen von Grün aus und male nach Herzenslust!

Heilkraft am Wegesrand

Der April ist der Monat, in dem wir aus dem Winterschlaf erwachen und zur Tat schreiten. Frühe Wildkräuter helfen uns dabei, Schlacken, die sich während der Wintermonate im Körper angehäuft haben, auszuleiten, denn durch ihre Bitterstoffe regen sie den Stoffwechsel an. Hildegard von Bingen hat so schön gesagt: »Die ganze Natur steht dem Menschen zu Diensten und legt ihm freudig ihre Güter ans Herz.«

Also nichts wie hinaus in Gottes Apotheke – die ersten kleinen Brennnesseln und Löwenzahnblätter gibt es schon!

Die Brennnessel weckt unseren Körper auf, kann vieles in uns in Bewegung setzen und gibt Kraft für Neuerungen im Leben. Sie wirkt harntreibend und blutreinigend und unterstützt als Tee die Entschlackung und Ausscheidung von Giften, was gerne bei Frühjahrskuren und beim Heilfasten genutzt wird.

Der Löwenzahn hat viele Bitterstoffe, die der Galle guttun.

Brennnesseltee:

Geh in den Garten oder an einen Platz in der Natur, der fernab vom Straßenverkehr liegt, und pflücke eine Handvoll Brennnesselblätter.

Wasch sie gut ab und übergieße sie mit ¼ Liter kochendem Wasser.

Der Tee sollte nur eine bis eineinhalb Minuten ziehen.

Genieße ihn in kleinen Schlucken in dem Bewusstsein, dass er den Nieren, der Galle und der Leber guttut.

Reinigungstee:

Sammle zu den Brennnesseln noch eine Handvoll junge Löwenzahnblätter.

Wasch die Blätter gut und überbrühe 2 Teelöffel davon mit ¼ Liter heißem Wasser.

Lass diesen Tee fünf Minuten ziehen und trinke ihn dreimal täglich in kleinen, achtsamen Schlucken.

Beherzt leben
ankommen im Augenblick
bewegt in sich ruhen.

Aufbrechen zu neuen Horizonten,
die Vertrauen schenken zum Aufblühen
liebend unterwegs sein
kämpferisch-gelassen.

Beherzt leben
von innen heraus
achtsam seinen Weg gehen
angekommen bei sich selbst.

»Lass den Himmel
sich auf der Erde widerspiegeln,
auf dass die Erde
zum Himmel werden möge.«

RUMI

Mai

ZEIT FÜR SINNLICHEN
GENUSS

Zuverlässig und beharrlich kehrt die Natur jetzt Schritt für Schritt in ihrem gesamten Reichtum zurück und ihre unermessliche Vielfalt wird sichtbar. Mutter Erde schenkt alles, was sie an Fruchtbarkeit zu bieten hat, um diese Wiederkehr zu ermöglichen und verteilt ihre üppigen Geschenke in einer Großzügigkeit, die unendlich zu sein scheint. Es ist Hochfrühling, alle Schätze der Natur sind nun erwacht, erhaben, aber doch bescheiden stehen die Obstbäume in ihrer weißen Blütenpracht auf den bunten Wiesen. Die Natur festigt nun ihre Position, alle Pflanzen erobern sich durch ihre zunehmende Verwurzelung den inneren Raum und vergrößern so ihre Stabilität. Sie ziehen ihre Nahrung jetzt kräftig aus dem weicher werdenden Erdboden, der Kreislauf der Säfte ist neu angeregt. Die Frühblüher sind schon verwelkt, denn ihre Aufgabe, auf das Erwachen aufmerksam zu machen, hat sich erfüllt. Alles blüht! Alles sprießt und wächst! Alles strahlt saftig und satt! Die Welt ist ein einziges Paradies!

»Habt Ihr im Monat Mai auf den Wiesen diesen Duft eingeatmet, der allen Lebewesen die Trunkenheit der Fruchtbarkeit vermittelt?« Mit diesen sinnlichen Worten beschreibt der französische Dichter Honoré de Balzac den Wonnemonat Mai so treffend, denn die Pflanzen zeigen jetzt nicht nur ihre Schönheit in voller Pracht, sie verbreiten auch ihre betörenden Düfte. Die Natur hat sich zur Hochzeit vorbereitet und ist in ein Kleid gehüllt, von dessen Pracht unser Auge nicht lassen kann. Sie präsentiert sich als üppiges, nährendes, sinnliches, großzügiges Schlaraffenland, als Garten der Sinnenfreuden.

Achtsamkeit öffnet uns den Blick für Kostbarkeiten und Schätze, die sonst oft verborgen bleiben.

Auch unsere Sinnlichkeit feiert ein neues Erwachen – unsere Herzen blühen auf, wenn wir uns von dieser einzigartigen Energie anstecken lassen, wir müssen nur unsere Augen öffnen und diese Verschwendung genießen!

Venus/Aphrodite, die Göttin der Liebe und der Schönheit, weckt in den Menschen leidenschaftliches Verlangen und erfüllt die Herzen mit Liebe. Hier ist es nicht die himmlische Venus *urania*, der wir im Oktober begegnen, es ist Venus *pandemia*, die irdische, üppig-sinnliche Göttin, die Sinnesfreuden und unerschöpfliche Fülle schenken kann. Die Erde erblühte, wie es hieß, unter ihren Füßen. Sinnlicher Genuss ist die Chance dieser Zeit, wo so vieles in der äußeren und unserer inneren Natur erblüht. Venus ist die Vertreterin aller Werte, insbesondere des Selbstwertes, der tiefen Naturverbundenheit und der soliden Verwurzelung in der eigenen Kultur. Ihre Geschenke sind Liebe und Treue zum Vertrauten, Sicherheit und Geduld.

Ein stimmiges Symbol für diese Zeitqualität, die zum Erdelement gehört, ist der tief eingewurzelte Baum. Die astrologische Entsprechung ist das Zeichen »Stier«.

Der Vollmond im Mai ist zutiefst inspirierend, er steht für die Liebesbeziehung zwischen Mann und Frau, er öffnet unsere Herzen und lässt Freude und Liebe darin erblühen.

Auf der körperlichen Ebene gehören die Schultern hierher, die Tragfähigkeit und Belastbarkeit symbolisieren, und der Nacken, aber auch der ganze Hals und der Schlund, der für das Schlucken und »sich etwas einverleiben« steht. Damit eng verbunden ist unser achtsamer Umgang mit Nahrung und Sprache, vor allem was die Qualität betrifft.

Mein innerer Garten im Mai

Es tut gut, sich immer wieder nach innen zu wenden, in Kontakt mit sich selbst zu treten, Fragen zu stellen und den Antworten zu lauschen.

Setz dich an einen schönen Ort, lass deine Augen zugehen und atme ganz bewusst. Sinke aus dem denkenden Verstand in deinen Herzraum und öffne so dein Herz für die Liebe zu dir und allen Wesen.

Geh ganz in deine Mitte, verbinde dich mit deinem inneren Raum. Dann stell dir Fragen und schau, welche Bilder und Gedanken dir zuerst in den Sinn kommen und schreib sie auf.

Beantworte in deinem Achtsamkeitsbüchlein folgende Fragen:

- Was ist meine Lieblingsspeise – meine Kraftnahrung?
- Wie leicht kann ich mir etwas gönnen?
- Was bin ich mir wert?
- Welche Werte sind mir wichtig?
- Was gibt mir Sicherheit?
- Wie stelle ich mir meine Schutzhülle vor?
- Welche Talente und Fähigkeiten schlummern in mir?
- Wurden meine Begabungen gesehen und gefördert?

Namasté

Eine Verneigung kann eine heilsame Haltung sein, wenn sie mit einer achtsamen inneren Einstellung verbunden ist, wenn sie mit der Bewegung in der Seele einhergeht. Die Verneigung bezieht sich im Unterschied zur Verbeugung auf etwas Größeres, sie ist Ausdruck der Achtung und Ehrerbietung. Der Blick ist nach unten gerichtet, zum Boden, zu Mutter Erde und ihren tiefen Wurzeln. So lässt sich die Verbindung zur Natur, zur Heimat spüren. Das Verneigen erlaubt ein Wegschauen und gleichzeitig ein In-Verbindung-Bleiben. Als Ganzes betrachtet gehört auch das Sich-wieder-Aufrichten dazu, das ein neues Sehen möglich macht.

Mahatma Gandhi erläuterte dem Physik-Nobelpreisträger Albert Einstein den Gruß Namasté folgendermaßen:

- Ich ehre den Platz in dir, in dem das gesamte Universum residiert.
- Ich ehre den Platz des Lichts, der Liebe, der Wahrheit, des Friedens und der Weisheit in dir.
- Ich ehre den Platz in dir, wo, wenn du dort bist und auch ich dort bin, wir beide nur noch eins sind.

Nimm einen festen Stand ein, verteile dein Gewicht gleichmäßig auf beide Fußsohlen und atme ruhig und bewusst.

Dann führe deine Handflächen zusammen wie im Gebet und leg die gefalteten Hände in Nähe deines Herzens an die Brust.
Nun beuge deinen Kopf leicht nach vorne und verharre einen Augenblick der Achtsamkeit in dieser Stellung.
Das Wort »Namasté« muss nicht ausgesprochen werden, es geht um die innere Haltung.

Wenn du diese Haltung mit deiner ganzen Achtsamkeit regelmäßig einnimmst, in Wertschätzung und Achtung vor dir selbst, vor der Schöpfung und vor anderen Menschen, öffnet sich dein Herz wie eine Blüte und schenkt deiner Seele Raum.

Schenken bringt Freude

Großzügigkeit bedeutet nicht, nur zu Weihnachten und an Geburtstagen riesengroße Geschenke zu kaufen oder möglichst viel Geld auszugeben. Ein Geschenk, über das sich jeder freut, heißt Aufmerksamkeit. Jemandem mit ganzem Herzen zuzuhören, ihn zu loben, zu ermuntern, jemandem zu danken, unsere Zeit zu schenken, bedeutet wahre Großzügigkeit.

Achtsamkeit hilft uns dabei, Aufmerksamkeit schenken zu können. Je öfter wir üben, desto leichter fällt es uns. Dabei dürfen wir nicht vergessen, dass wir nur geben können, wenn wir auch großzügig zu uns selbst sind, unserem Körper und Geist Ruhe gönnen und das Leben genießen. Oft sind wir viel zu sehr darauf fixiert, etwas haben zu wollen, Wünsche erfüllt zu bekommen, und vergessen ganz, wie einfach es ist, sich selbst eine Freude zu machen, indem wir jemanden anderen beschenken.

Richte in den nächsten Wochen deine Aufmerksamkeit darauf, den Menschen um dich herum Freude zu schenken. Am besten beginnst du jeden Tag mit der Frage, wen du heute wie erfreuen könntest. Es braucht nicht immer einen großen Anlass, um Liebe und Wertschätzung zu zeigen, lass deine Fantasie spielen und lass deinen Gefühlen freien Lauf.

Eine kleine Botschaft im Schuh versteckt, die hübsch verpackte Lieblingspraline, ein Stern auf dem Nachtkästchen, ein handgeschriebener Brief, ein Herz auf den Spiegel gemalt, das selbstgepflückte Sträußchen an der Türklinke, eine Kerze im Fenster, der kleine Engel in der Manteltasche ... Deiner Fantasie sind keine Grenzen gesetzt, sei originell und aufmerksam und spür, wie viel Freude es dir macht, wie sehr du dich damit selbst beschenkst, wie glücklich es dich macht!

Sei freundlich zu allem und jedem und folge dem Impuls zu Großzügigkeit und Freundlichkeit, der aus deinem Herzen kommt. Sei offen und mutig, zeig deine Gefühle, lass Nähe zu, sei selbst ein Geschenk für andere und damit auch für dich!

Wir können Spuren des Lichts hinterlassen, wenn wir den Weg der Achtsamkeit und des Herzens gehen.

»Freude gibt es überall –
in der grünen Grasdecke der Erde,
in der blauen Heiterkeit des Himmels,
in der übermütigen Üppigkeit
des Frühlings,
in der strengen Enthaltsamkeit
des Winters.«

RABINDRANATH TAGORE

Achtsam kochen

Die Welt entsteht neu und der Tisch wird frisch gedeckt, wenn wir im Garten, auf der Wiese und im Wald frisches Grün holen dürfen und zu köstlichen Speisen und Getränken verarbeiten können.

Kochen ist so viel mehr als bloße Nahrungszubereitung, es ist ein kreativer und heilender Akt, denn es schafft Raum im Herzen und in der Seele und ist im Dialog mit der Natur. »Liebe geht durch den Magen«, weiß der Volksmund, doch es geht um viel mehr – es geht um die Liebe zu den Zutaten, den Menschen und zu sich selbst, denn die Liebe verwandelt unsere Handlungen. Sie ist das einzige Gewürz, das man nicht kaufen kann, weil es tief in unserem Inneren wächst. Wer mit Hingabe kocht, weiß um dieses Gewürz, er lässt es wachsen und gedeihen, um damit seine Mahlzeiten und die Menschen, für die er kocht, zu verzaubern. Mit Liebe zubereitetes Essen schmeckt einfach ganz anders als eines, das schlecht gelaunt und lieblos gekocht wurde.

»Nahrung ist ein Liebesbrief der Schöpfung«, sagte einmal ein weiser alter Yogameister.

Ein kurzer, bewusster Augenblick der Dankbarkeit während des Kochens erinnert uns an diesen Liebesbrief und stärkt unser Vertrauen, dass das Leben uns nährt.

Nimm dir vor dem Kochen einen Augenblick Zeit, um zur Ruhe zu kommen. Schließ deine Augen, atme ein paarmal tief ein und aus, entspann dich und lass dich dann bei dem Gedanken ankommen, ein wundervolles, schmackhaftes, stärkendes Essen für dich oder deine Lieben zuzubereiten. Mach dir bewusst, dass das, was du mit Liebe und mit deinen Händen erschaffst, eine Wohltat für Leib und Seele ist.

Fokussier dich nun ganz auf das Kochen und beginne in dieser meditativen Haltung deine Arbeit, nach dem Motto: »Wenn ich Reis wasche, dann wasche ich Reis.«

Zeit ist neben der Liebe die wichtigste Zutat aller Gerichte. Lass dir also beim Zubereiten der Speisen möglichst viel Zeit.

Bereite alle Lebensmittel, die du brauchst, gut vor – wasche, schäle und schneide, bevor du mit dem eigentlichen Kochen beginnst. Das »Mise-en-place« verhindert Stress und hilft dir, dich ganz ruhig auf das Kochen zu konzentrieren. Behandle alle Lebensmittel mit Respekt und Dankbarkeit.

Bleib in deiner Achtsamkeit und Konzentration ganz präsent und öffne alle Sinne. Beobachte, spüre, schnuppere, rieche und schmecke. Taste dich heran, sei neugierig, spiel dich, lustvoll und erfindungsreich, begeistert und mit Freude im Herzen, überrasche dich selbst.

Lass liebevolle Energie in dein Essen einfließen und lass nicht zu, dass deine Gedanken, die zu Hektik oder Ärger, in die Zukunft oder Vergangenheit abschweifen möchten, die Oberhand gewinnen.

*Ein Baum braucht
seine Zeit zum Wachsen,
ein Apfel Zeit zur Reife.
Mit derselben Gelassenheit
dem Kochen die nötige
Zeit zu widmen, schenkt
inneren Frieden.*

Achtsam essen

Der Zen-Meister Thich Nhat Hanh beschreibt in einem Buch, mit welcher Achtsamkeit er als vierjähriges Kind den Keks, den ihm seine Mutter immer vom Markt mitgebracht hat, gegessen hat. Er ließ sich unendlich viel Zeit beim Verspeisen dieses einen Keks, biss nur ganz kleine Stücke davon ab und genoss es einfach DA zu sein – mit seinem Keks, dem Himmel und der Erde und allem anderen ganz im gegenwärtigen Augenblick.

Es ist möglich, unsere Mahlzeiten so langsam genießerisch zu uns zu nehmen, wie Thich Nhat Hanh damals den Keks seiner Kindheit aß. Wenn wir uns mit einem Essen Freude bereiten möchten, hängt das Maß des Genusses, von unserer Achtsamkeit ab. Möglicherweise glauben wir, den Keks unserer Kindheit verloren zu haben, aber er ist sicher noch im Herzen, wenn auch vielleicht versteckt oder ein bisschen vergraben. Alles ist noch da! Wenn wir es uns wünschen, können wir ihn finden.

Achtsam essen ist eine äußerst wichtige Meditationsübung und tut Körper und Seele gut. Wir können auf eine Weise essen, die uns den Keks unserer Kindheit zurückbringt.

Der gegenwärtige Moment ist voller Glück und Freude. Wenn wir aufmerksam sind, werden wir es spüren.
Achtsam zu essen bedeutet nicht, dass wir ständig überlegen sollten, was wir essen oder wie gesund unsere Nahrung ist, sondern, dass wir es in Ruhe tun und in einer schönen Atmosphäre.

Deck den Tisch liebevoll, auch wenn es »nur« für dich alleine ist.
Schalte Handy oder TV aus und setz dich ruhig und entspannt zu Tisch.
(Du solltest dich immer hinsetzen zum Essen!)

Atme ein paar Atemzüge ganz bewusst und versuche dabei, auch den inneren Dialog anzuhalten. Komm mit deiner Aufmerksamkeit aus dem Kopf in deinen Körper.

Wenn deine Mahlzeit vor dir steht, halt kurz inne, sei ganz da und betrachte sie in Dankbarkeit – du kannst damit deinen Körper nähren und gesund erhalten.

Öffne all deine Sinne, bevor du den ersten Bissen nimmst. Nimm seinen Duft wahr und genieß dann ganz bewusst seinen Geschmack.
Kaue langsam und bewusst, lass die Geschmäcker und Aromen deinen Mund überraschen und freu dich daran.

Warte mit dem nächsten Bissen, bis dein Mund ganz leer ist.
Nimm dir ausreichend Zeit für dieses bewusste Essen, leg ab und zu dein Besteck weg und spür dem Geschmack und der Wirkung der Speise nach.
Selbst wenn du dich nebenbei doch ein wenig unterhältst, richte deine Aufmerksamkeit immer wieder ganz bewusst auf das Essen.

Wenn dein Teller leer ist, halt wieder einen Augenblick inne und bedank dich im Stillen für das köstliche Mahl.

»Nimm eine Handvoll
guter Erde.
Vielleicht findest du ein Samenkorn
darin oder eine Raupe.
Wäre deine Hand geduldig genug,
würde der Same ein Wald und
die Raupe eine Schar geflügelter
Wesen werden.«

KHALIL GIBRAN

»Leben allein ist nicht genug.
Sonne, Freiheit und eine kleine Blume
braucht man auch!«

HANS CHRISTIAN ANDERSEN

Juni

ZEIT FÜR
PUSTEBLUMEN

Die Sonne macht sich nun auf den Weg zum höchsten Stand am Firmament, der Ende des Monats mit der Sommersonnenwende erreicht sein wird. Juni ist der Monat mit dem längsten Tag und der kürzesten Nacht. Das junge Jahr reift heran, der Frühling geht zu Ende. Die Natur zeigt sich in den kräftigsten Farben, wir werden beschenkt und überflutet von Licht und Wärme. Sommerlaune und Leichtigkeit breiten sich aus.

Die Kräfte beginnen, sich zu verströmen, Dynamik, Unruhe und Bewegung liegen in der Luft. Es gibt viel zu tun, jeder folgt emsig seinem Weg. Schmetterlinge taumeln über die duftenden Honigtöpfe ihrer Blütenplätze. Bienen und dicke Käfer schwirren umher und besuchen die Blüten. Ohne Blühen gäbe es keine Befruchtung, keine Frucht und damit auch kein Weiterbestehen der Pflanze. Die fleißigen Insekten nehmen den Blütenstaub auf und tragen ihn weiter und auch der Wind sorgt für Bestäubung und legt einen zartgelben Schleier über die Natur. Die Vögel zwitschern und trällern schon frühmorgens ihre Lieder und flattern geschäftig hin und her, um ihre Brut im Nest zu versorgen.

Es ist der Monat der Rose, der Blume der Götter und der Liebe, mit dem Duft des Paradieses, prachtvoll leuchten ihre Blüten in allen Farben in den Gärten, wild und zartrosa in den Hecken. Lavendel, Salbei und Thymian und viele Heilkräuter stehen bienenumsurrt in Vollblüte und duften betörend. In lauen Nächten zünden die Glühwürmchen ihre Laternen an. Auf den Feldern wächst das Getreide heran, Grillen zirpen ihre eindringlichen Melodien, Walderdbeeren versüßen das Leben.

Urprinzipiell ist es die Zeit des Hermes/Merkur, des Götterboten und Vermittlers zwischen dem Olymp und den Menschen auf der Erde. Er ist Traumbote und Seelenführer und bereist alle Welten: die im Außen und Innen, die der Vergangenheit, der Gegenwart und Zukunft, die irdischen und galaktischen und er begleitet sogar die Toten in die Unterwelt. Hermes ist Beschützer der Redner und Philosophen, der Händler und Kaufleute, aber auch der Diebe und Trickser. Merkur steht für Verstand und Intellekt, Kommunikation, Interesse, Neugier und Vermittlung. Seine Geschenke sind Klugheit und Intelligenz, logisches Denken, geistige Flexibilität und sprachliche Gewandtheit.

Polarität – die beiden Seelen in der menschlichen Brust, die zwei Seiten der Welt, gehören zum Merkurprinzip, der im Luftelement zu Hause ist und dem das Zeichen »Zwillinge« zugeordnet ist.

Jetzt ist eine günstige Zeit, Informationen zu sammeln und zu erkennen, was wichtig ist und unserem innersten Wesen entspricht, indem wir wach sind und alle Sinne öffnen. Es geht darum, die Qualität unserer eigenen Gedanken und Aufgaben zu erkennen, Aussprachen zu führen und durch die richtigen Worte richtige Verbindungen herzustellen.

Auf der Körperebene gehören die Lungen hierher und damit der Atem. Wer kräftig durchatmet, kann frei werden wie ein Schmetterling. Auf den Schwingen des Atems kann sich Leichtigkeit ausbreiten, aber auch Lebendigkeit und Fröhlichsein. Auch das Nervensystem mit den Leitungsbahnen für elektrische Impulse und Sinnesreize und die Blutgefäße und Lymphbahnen als Verkehrswege des Körpers gehören hierher sowie die Hände, die uns handeln lassen.

Meditation – segne deine Wege

Achtsamkeit ist eine innere Haltung von Offenheit und Sanftheit. Beobachte in der nächsten Zeit einmal, wie du gehst! Wie fühlt sich dein Gehen an? Angespannt und hektisch oder weich und offen für den Schritt, den du gerade setzt?

Experimentiere einmal damit, wie verschieden du gehen kannst und wie es sich anfühlt, deinen Weg freundlich zu gehen. Begib dich auf einen ganz besonderen Spaziergang und wähle einen Weg, auf dem du möglichst ungestört gehen kannst. Geh zuerst ganz normal spazieren, bis du ruhig wirst, dann beginn mit der Meditation.

Setz einen Fuß vor den anderen ohne Eile. Nimm dir Zeit für dich ohne Ziel.

Schlendere vor dich hin. Sei ganz bei dir und lass zu, dass etwas in dir geht, dich geht. Lass dich gehen, lass dein Gehen geschehen.

Vergiss nie, bewusst einzuatmen – bewusst auszuatmen, bleib immer verbunden mit deinem Atem und deinen Schritten.

Zeit für die Schnecke, die am Wegrand kriecht, für die Bienen, die von Blüte zu Blüte fliegen, für den zarten Zitronenfalter, die Wolken, die am Himmel ziehen. Zeit für den Bach, der sich durch den Wiesengrund schlängelt, Vergissmeinnicht duften blau.

Segne deine Wege. Stell dir vor, die Erde wäre ein Wesen und du liebkost sie mit jedem deiner Schritte, ganz bewusst, liebevoll und dankbar.

Spür, wie du über deine Fußsohlen bei jedem Schritt Mutter Erde belastende Dinge übergeben darfst, loslassen kannst.
Sie nimmt alles auf und verwandelt es.

Mach dir vor allem bewusst, dass der Weg, den du gerade gehst, dein Leben ist.
Was war, ist weg, und was kommen wird, ist noch nicht da.
Doch was du ganz sicher hast, ist dein nächster Schritt.

Also, was könnte dein nächster wichtiger Schritt sein?
Wie willst du ihn setzen? Angespannt oder freundlich? In welche Richtung soll es gehen? Schritt für Schritt?

Was wird am Ende deiner Tage wirklich wichtig sein?
Wie viele Ziele du erreicht hast oder wie du den Weg dorthin gegangen bist?

Atmen im Wechsel

Nadi Shodhana Pranayama

Diese Atemübung hat eine ausgleichende Wirkung auf das Nervensystem und auf den Blutdruck, sie sorgt für eine tiefere Atmung und eine vermehrte Sauerstoffzufuhr.

Nadi steht im Indischen für Nerven, Shodhana für Reinigung. Die spezielle Atmung durch ein Nasenloch aktiviert die sogenannten »feinstofflichen Kanäle« (Nadis), die den ganzen Körper durchziehen und in denen die Lebensenergie (Prana) fließt.

Nimm eine bequeme Sitzhaltung ein. Die Hände liegen auf den Oberschenkeln mit nach oben gerichteten Handflächen, der Rücken ist gerade und entspannt, die Fußsohlen sind parallel am Boden.
Schließ nun die Augen und konzentriere dich einige Minuten lang auf die Entspannung deines ganzen Körpers.
Lenk dann dein Bewusstsein auf die Atmung und spür bewusst die Bewegung der Atmung im Bauch- und Brustraum.

Leg nun Zeige- und Mittelfinger der rechten Hand auf die Mitte der Stirn zwischen die Augenbrauen. Verschließ mit dem Daumen das rechte Nasenloch und atme durch das linke Nasenloch 20 Mal tief und entspannt ein und aus:
»Ich atme ein – ich atme aus«.

Öffne dann das rechte Nasenloch. Verschließ mit dem Ringfinger das linke Nasenloch und atme durch das rechte Nasenloch 20 Mal tief und entspannt ein und aus. Bleib mit deinem Bewusstsein ganz beim Atem.

Leg abschließend deine Hand auf den Oberschenkel und nimm deinen ruhigen Atem wahr. Spür für einige Minuten die Entspannung und angenehme Ruhe deines Körpers und deines Geistes.

Vom Zauber des Einfachen

Dort wo im April und Mai die Wiesen gelb geleuchtet haben vom Löwenzahn, zeigen nun die kugelrunden Pusteblumen, dass der Sommer ins Land zieht.

Leg dich in eine Pusteblumenwiese, so wie damals als Kind. Erinnere dich, wie du sie gepflückt und hochgehoben, in die federleichten, winzigen Fallschirmchen geblasen hast und sie ausgeschwärmt sind, dahingesegelt.

Lass für ein paar Augenblicke alles Beschwerende hinter dir und öffne dich für das Kleine, Einfache, für die Blüten in der Sommerwiese, den gepunkteten Käfer, die Insekten, die über die Gräser wandern. Zeit, das winzige Leben zu entdecken, Augen dafür haben, Fühler ausstrecken.

Lausche dem Konzert, das die Bienen und Insekten rund um dich angestimmt haben, ein Konzert von emsigen Musikanten ganz für dich allein und du kannst mitsummen, auch wenn du den Text nicht kennst. Nimm den Duft von verführerischem Honig wahr und genieße.

Lass dich wegschweben, leichter als leicht werden, lass dich wiegen von der warmen Luft und deinem Atem, leichtes Hinschweben zu den Wolken im blauen Himmel. Freiheit erleben, die nur jetzt möglich ist. Augenblicke ohne Wünsche, zufrieden mit dir selbst und zufrieden mit der kleinen Welt, die dich auf dieser Wiese umgibt. Nichts mehr ist in den Gedanken, was den Augenblick stören könnte.

Keine aufregenden Erlebnisse, kein großes Ereignis könnten das Hineinschweben in diesen Sommertag und seinen Zauber je aufwiegen.

Zeichne ein paar Pusteblumen in dein Achtsamkeitsbüchlein, wenn du magst, und schreib deine Gedanken dazu.

Achtsam kommunizieren

Kommunikation geht weit über das Sprechen hinaus. Wir können nicht *nicht* kommunizieren, denn ob wir schweigen oder singen, auf einen anderen zugehen oder uns abwenden – wir kommunizieren immer. Kommunikation findet nicht nur zwischen Menschen statt, sondern mit uns selbst, mit Tieren und Pflanzen und über die Nahrung mit dem ganzen Planeten.

Sprache ist externe Kommunikation. Wenn wir mit anderen Menschen sprechen, übermitteln wir nicht nur neutrale Informationen, sondern erschaffen lebendige Erfahrungen in dem anderen, denn Sprache ist eine Energie, die auf unser eigenes Denken und das Denken und Fühlen anderer Einfluss nimmt.

»Worte haben die Kraft, zu zerstören oder zu heilen. Doch wenn Worte wahr und zugleich gütig sind, können sie unsere Welt verändern,« sagt Buddha. Sprache ist ein Instrument, das mit Liebe und mit Macht eingesetzt werden kann, und bedarf deshalb der besonderen Achtsamkeit und Bewusstheit. Ein Wort, ein Satz an der richtigen Stelle kann Wunder bewirken, denn jedes gesprochene Wort hat Wirkung und erzeugt Stimmung, in uns selbst und den anderen. Es kann uns ermutigen oder verletzen, uns zum Umdenken bewegen, zum Lachen bringen oder zu Tränen rühren. Mit Worten schaffen wir Verbindung, versuchen wir unsere Gedanken mitzuteilen, unser Innerstes nach außen zu bringen. Die Art des Sprechens lässt dabei erahnen, wer wir sind – sprechen wir kritisch und wertend oder inspirierend und empathisch?
Nutze die Chance, die universelle Verbindung von Allem mit Allem tiefer zu erkennen und dich für eine noch friedvollere Kommunikation zu öffnen. Bedenke, bevor du etwas sagst, was du sagen möchtest, wie du es ausdrücken willst und ob es überhaupt gesagt werden muss.
Oft wirst du feststellen, dass es hilfreich ist, nichts zu sagen.

Übe in ruhigen Situationen:

- Bedenke deine Worte genau und wähle sie achtsam.
- Drück dich klar und deutlich aus, damit die anderen erkennen, was dir wichtig ist.
- Hör aufmerksam zu und sei fair beim Diskutieren.
- Achte auf deinen Tonfall und auf all das, was dabei mitschwingt.
- Sag nichts, wenn es nicht hilfreich ist.
- Sprich nicht über Menschen, die nicht anwesend sind, und bewerte sie nicht.
- Bevor du sprichst, lass deine Worte durch drei Tore schreiten.
  Beim ersten Tor frag: »Sind sie wahr?«
  Am zweiten frag: »Sind sie notwendig?«
  Am dritten frag: »Sind sie freundlich?«

Nimm dir in diesem Monat immer wieder Zeit, über deine Kommunikation nachzudenken, und schreib deine Gedanken in dein Achtsamkeitsbüchlein.

- Wie sprichst du mit dir? Liebevoll und aufbauend oder eher kritisch?
- Bist du gut im Zuhören?
- Gehst du direkt auf Menschen zu, die dich interessieren?
- Kommunizierst du offen und ehrlich?
- Mit welchen Menschen würdest du gerne liebevoller, klarer kommunizieren?
- Was könnte der erste Schritt sein? Vielleicht ein Brief oder eine Mail?

Nomen est omen

Nicht nur Sprache besitzt eine immanente Macht, auch jeder einzelne Buchstabe verfügt über Kräfte, die im Hintergrund wirken, insbesondere der Anfangsbuchstabe eines Wortes oder Namens.

Mit der Geburt steht in der Regel unser Familienname fest und spätestens ein paar Tage später bekommen wir unseren Vornamen oder auch mehrere, aber nur einen Rufnamen. Durch ihn wird die Tür zu dem großen Schatz geöffnet, den jeder Mensch in sich trägt – durch das tagtägliche x-fache Nennen des Rufnamens wird ein Leben lang dieser Schatz zum Klingen gebracht, denn der uns vertrauteste Klang ist der unseres eigenen Namens.

Sprich deinen Rufnamen in verschiedenen Klangfarben aus, mal lieb und freundlich, mal bestimmend und fordernd, und mach dir bewusst, dass du in Resonanz mit einem ganz besonderen Namen bist, der in dir wieder ertönt.

Dann nimm einen oder mehrere verschiedene Stifte und Farben und mal deinen Namen Buchstabe für Buchstabe hier auf die freie Seite, so wie du ihn jetzt in diesem Augenblick wahrnimmst – verspielt mit Blümchen oder Schnörkeln oder geradlinig in geometrischen Mustern. Widme dich zuerst deinem Anfangsbuchstaben und dann nimm dir Zeit für alle weiteren.

»Man muss den Blumen,
Gräsern und Schmetterlingen
auch noch so nah sein wie ein Kind,
das nicht viel über sie hinweg reicht.«

FRIEDRICH NIETZSCHE

Juli

ZEIT ZUM
TAGTRÄUMEN

Die Sonne hat den höchsten Stand ihrer Bahn erreicht, wir durchleben die längsten Tage und kürzesten Nächte. Die Erde hat voll ausgeatmet in der Zeit der Sommersonnenwende. Was der Frühling hoffnungsvoll versprach, ist nun erfüllt – ein Mehr gibt es nicht. Die Zeit hält lauschend den Atem an. Der Sommer beginnt, die Hitze nimmt zu, aber die Intensität des Lichtes nimmt bereits wieder ab. Die Sonne schaltet nun ihren Rückwärtsgang ein und verkündet damit eine Wende, die das Streben nach außen und nach vorne in ein Nach-innen-Gehen verwandelt.

In der Pflanzenwelt wenden sich jetzt Wachstumskräfte nach innen, es bildet sich der Fruchtansatz, in dem der Same heranreifen soll, in dem künftiges Leben vorbereitet wird. Dabei spielt auch der Regen als Leben spendendes Wasser eine große Rolle. Die Fruchtbarkeit zeigt sich in ihrer ganzen Fülle, die vielfältigsten Früchte wachsen heran und reifen, manche sind schon zur Ernte bereit, andere genießen noch die Kraft der Sonne und den Saft des Regens, um zur vollen Reife zu gelangen. Alle Genüsse der Reife und erste Ernte, der alle Ernten des Sommers folgen werden.

Jetzt ist gut Kirschen essen! Aus dem ersten rosigen Hauch auf den Früchten ist ein saftiges Rot geworden. Wald, Hecken und Lichtungen laden jedermann zum Beerenpflücken ein. Das erste Heu wird eingefahren – getrocknet durch die Wärme und Kraft der Sonnenstrahlen und vom lauwarmen Wind durchlüftet, berauscht es unseren Geruchssinn. Urprinzipiell ist hier der Mond zu Hause, er entspricht sowohl den Muttergottheiten als auch allen Naturgöttinnen, die an Seen und Gewässern leben. Mond steht für unser Innenleben, unsere Seele. Es ist die tiefe innere Quelle, aus der Bilder, Wünsche und Träume hervorsprudeln, es ist die urweiblichste Energie, in der sich das Mütterliche und typische Kindheitserfahrungen spiegeln.

Einerseits ist Mond mütterlich, andererseits aber ein kleines Kind, das sich besonders in Zeiten von Schwäche und Hilflosigkeit zeigt. Sein Geschenk ist die mitmenschliche Verbundenheit, die echte Geborgenheit gibt, in der wir uns zu Hause fühlen können. Heimatverbundenheit, Erinnerungen, Gefühlsgedächtnis und emotionales Sicherheitsbedürfnis gehören hierher.

Kreisläufe und Zyklen werden dem Mond zugeordnet. Wie machtvoll seine Anziehungskraft ist, zeigt uns der ewige Rhythmus von Ebbe und Flut, mit dem er die Meere auf Erden in Bewegung setzt. Analog zu den Mondphasen stehen das Prinzip des Keimens, Wachsens, Aufblühens, Welkens und Auflösens in der Natur und auch unsere menschlichen Launen.

Die sanfte, aber ungeheuer starke Kraft des Wassers, die im steten Tropfen jeden Stein höhlt, gehört zum Mondprinzip, das natürlich im Wasserelement zu Hause ist.

In dieser Zeit steht die Sonne in dem Abschnitt im Tierkreis, den wir als »Krebs« bezeichnen.

Auf der Körperebene gehört die weibliche Brust hierher und die Gebärmutter, sowie der Magen, der nicht nur aufnimmt, was wir essen und trinken, sondern auch alle geschluckten Emotionen, Kummer, Ärger und Sorgen. Hier gilt es immer wieder für die richtige Seelennahrung zu sorgen, hineinzuhorchen und zu spüren, was ich mag, was mich wirklich *wirklich* nährt.

Lebenselixier Wasser

Die Erde unterscheidet sich von anderen Planeten vor allem durch Wasser. Alles Leben hat seinen Ursprung im Wasser – zwei Drittel der Erdoberfläche bestehen daraus, so wie der Großteil unseres Körpers. Die Wassermenge in uns spiegelt die auf der Erde wider, der Mensch ist also ihr Spiegelbild.

Wasser ist das weiblichste Element, das Seelenelement. Es steht für Anpassungsfähigkeit und erneuernde Kraft. Die Entwicklung unserer Spezies hat hier ihren Ursprung – im Urmeer und führt an Land. Die individuelle Entwicklung eines jeden Menschen beginnt im Fruchtwasser, einige Besonderheiten unseres Körpers erinnern noch daran. Die Zusammensetzung des Fruchtwassers ist die gleiche wie die des Urmeeres, nämlich eine 0,9-prozentige Lösung von Salz in Wasser. Auch das Wasser in jeder unserer Zellen ist so zusammengesetzt.

Die tiefe Erinnerung an das Element, aus dem wir kommen und das wir vor Jahrmillionen Jahren verlassen haben, haben wir in jeder Zelle mitgenommen, was erklären mag, warum wir uns so stark zu ihm hingezogen fühlen, sei es in Form einer Badewanne oder des unendlichen Ozeans.

Wasser ist unser Lebensquell und beinahe so wichtig wie die Luft zum Atmen. Normalerweise stehen wir von Luft umgeben mit beiden Beinen auf der Erde. Begeben wir uns ins Wasser, verändert sich einiges, denn es hat eine überaus heilende, harmonisierende und vitalisierende Wirkung. Deshalb ist in traditionellen Heilweisen Wasser die Grundlage der Gesunderhaltung – das Element, das uns mit der Erde und dem Himmel verbindet, die Essenz unseres Lebens. Wassertherapie (wie bei aqua-e-motion) lässt einen schwerelos durch körperwarmes Wasser gleiten und Geborgenheit erfahren. So können wir uns wie ein Fisch oder eine Wasserpflanze fühlen, die von den sanften Wellen des Ozeans bewegt wird oder wie ein Embryo glückselig im wiegenden Fruchtwasser treiben.

Der Sommer lädt uns herzlich ein, das
Urelement Wasser auszukosten und mit
all unseren Sinnen die wohltuende regenerierende Energie zu genießen – ein Bach,
der sich durch den Wiesengrund schlängelt,
sanft über runde Steine dahinplätschert,
ein klarer Fluss in der Mittagshitze, der den
blauen Himmel spiegelt, ein funkelnder
See im Sonnenlicht, auf dem sich Segelboote
tummeln, Meereswellen, die im ewigen
Lauf der Gezeiten mit ihren salzigen Zungen
am Strand lecken.

Nutze jede Gelegenheit, um ins erfrischende
Nass einzutauchen. Spür die angenehme
Kühle auf der Haut. Plansche nach Herzenslust herum, wie du es als Kind getan hast.
Fühl dich wie ein Fisch im Wasser, geschmeidig und frei. Leg dich entspannt auf die
Wasseroberfläche und lass dich von den
Strömungen treiben, lass dich wiegen und
genieß, wie leicht dein Körper dabei wird.

Das Wasser bestimmt die Richtung, es trägt
dich, ist zuverlässig und weich und du
vertraust dich ihm an.

Oder tauch einfach ganz unter, lass Luftblasen blubbern und versenke deine lärmenden Gedanken.

Spür dabei die tiefe Verbindung mit dem
Element, in dem alles begann.

Vielleicht magst du ja auch mal nachts ins
Wasserelement eintauchen, einfach deine
Hüllen fallen lassen und hineingleiten ins
samtige Nass im silbrig glänzenden
Mondschein.

**Freiheit erleben, sie in jeder Zelle spüren,
prickelnd und lebendig – Freiheit, die so
nur im Sommer möglich ist.**

Meditation – meine innere Quelle

Jede Form der Meditation ist ein Weg, klar zu werden wie ruhiges Wasser, den Körper zu entspannen und die Seele heimkehren zu lassen. Geführte Meditationen, die uns in die innere Bilderwelt führen, möchten uns helfen, ein bestimmtes Thema zu bearbeiten, und tun besonders gut.

Stell dich aufrecht und mit schulterbreit geöffneten Beinen hin, die Füße parallel, die Fußsohlen in gutem Kontakt zum Boden, die Knie sind leicht gebeugt. Schließ nun deine Augen und lass den Atem entspannt in den Bauch fließen. Die Wirbelsäule ist aufrecht und zugleich beweglich, wie eine Wasserpflanze, die von der Strömung sanft bewegt wird, mehr schwebt als steht.

Dann stell dir vor, dass dein Einatem tiefer geht, durch deine Beine hinab zu den Fußsohlen und bis in den Erdboden und immer tiefer, bis er auf eine unterirdische Quelle stößt. Dein Einatem verbindet sich nun mit dem kristallklaren Wasser und die Quelle beginnt hinauf zu sprudeln.

Während du ganz entspannt weiteratmest, strömt das reinigende Wasser wie ein innerer Springbrunnen zu dir herein, durchspült jede einzelne Zelle deines Körpers und nimmt alles mit, was du nicht mehr brauchst.

Du öffnest dich immer mehr für diese kristallklare Kraft und lässt vor deinem inneren Auge Bilder auftauchen und Gedanken, die du loslassen möchtest, Gefühle, die du transformieren möchtest – alles darf sich jetzt dieser tiefen Reinigung hingeben.

Genieß die reinigende Kraft deines inneren Springbrunnens so lange es dir guttut. Lass das Wasser allmählich wieder in die Erde zurückkehren, nimm deinen Atem bewusst wahr und die klare Essenz deines Wesens.

Weißt du noch ...

... wie wundervoll es war, als Kind unbeschwert herumzutollen, ohne Uhr ganz einfach im Augenblick zu SEIN? Damals ... als du aus Decken und Sesseln ein Haus gebaut hast und ihr Vater, Mutter, Kind gespielt habt, ... du dich mit den ersten roten Kirschenpaaren an den Ohren im Kerne-Weitspucken gemessen hast, ... als du heimlich die süßen Beeren im Nachbargarten geklaut hast.

Erinnerst du dich an die Schelte über die frischen giftgrünen Grasflecken in deinen Kleidern, ... die Ketten aus Löwenzahn und Gänseblümchen, ... den Geschmack von deinem Lieblingseis nach dem langen Winter und das erste Mal wieder barfuß gehen, ... dein Schaukeln bis in den blauen Himmel, ... das spannende Buch, das du mit der Taschenlampe unter der Bettdecke gelesen hast, ... deine Sandkuchen am Strand, ... deine Spielkameraden?

Geh hinaus und weck das Kind in dir, mach alles, was dir gefällt: Purzelbäume schlagen, Erdbeereis schlecken, auf der Wasserrutsche rutschen, kauf dir Seifenblasen, einen Luftballon oder das Brausepulver, das so herrlich auf der Zunge prickelt.

Du wirst sehen, wie gut das tut und deine Energiespeicher im Nu wieder auffüllt.

Schließ deine Augen und lass dich von der Erinnerung berühren, öffne das Bilderbuch tief in dir und lass dich überraschen von den Blitzlichtern der Vergangenheit.

Und dann schreib alles mit bunten Stiften in deinem Achtsamkeitsbüchlein auf!

»Man darf nicht verlernen, die Welt mit den Augen eines Kindes zu sehen.«

HENRI MATISSE

Meinem inneren Kind begegnen

Kindheit – sie scheint so weit weg und berührt uns doch in unserer Erinnerung, tief im Herzen. Denken wir an sie zurück, tauchen Bilder der Vergangenheit auf, manche schemenhaft, manche ganz klar: die bunten Kerzen auf der Schokotorte, der erste Schultag, Kuscheln am Sonntagmorgen, der Streit mit dem großen Bruder. Wie sieht das Kind aus, das vor deinem inneren Auge auftaucht? Welche Erinnerungen kommen hoch und welche Gefühle?

Wie viel von diesem fernen Ich gehört überhaupt noch zu uns?

Viel mehr, als wir denken, denn das quicklebendige »innere Kind« ist eine starke Kraft, die Einfluss darauf hat, wie wir als Erwachsene fühlen und wahrnehmen, wie wir denken und handeln. In unserem Unterbewusstsein sind alle wichtigen Erfahrungen abgespeichert und wirken dort fort. So können positive Erfahrungen aus der Kindheit unseren Rücken stärken und uns Selbstvertrauen schenken, doch negative Erfahrungen wirken ebenso nach und können uns Schwierigkeiten bereiten.

Immer dann, wenn wir uns klein und hilflos fühlen, wenn wir vor Scham erstarren, wenn wir nicht ehrlich sein können, nicht zu uns stehen, wenn wir plötzlich unbändige Sehnsucht nach Geborgenheit haben, ist unser inneres Kind im Spiel. Das verletzte Kind in uns versucht mit allen Mitteln, Kränkungen und Verletzungen, die ihm zugefügt worden sind, nicht noch einmal erleben zu müssen – ein Schutzmechanismus, der ganz automatisch abläuft.

Wird uns bewusst, dass wir das verwundete Kind in uns vergessen haben, können wir beginnen, ihm mit Achtsamkeit und Mitgefühl zu begegnen. Achtsamkeit ist die Salbe, die das innere Kind heilen wird, denn wenn wir achtsam sind, werden wir seine Hilferufe hören können.

Wie wir unserem inneren Kind näherkommen, kann jeder für sich selbst ausprobieren. Wir können einen Teddy in den Arm nehmen und mit ihm als Stellvertreter sprechen oder einen liebevollen Brief schreiben. Eine andere Möglichkeit ist, sich einen Brief von seinem Kind schreiben zu lassen.

Nimm dir Zeit, zieh dich zurück und schließ deine Augen. Ruf das Kind in dir, du kannst auch deinen Kosenamen verwenden. Kannst du spüren, dass es sich meldet? Verbinde dich mit dem Kind in dir, geh in einen Dialog und frag es, was es im Augenblick braucht: »Was möchtest du jetzt von dem Erwachsenen, der wir geworden sind?«

Dann schreib den Brief, von dem du denkst, dass dein inneres Kind ihn schreiben würde. Nimm einfach ein Blatt Papier und einen Stift und schreib auf, was dir spontan in den Sinn kommt. Achte nicht auf die Form, zögere nicht bei verrückten Gedanken, es geht darum, ins Gespräch zu kommen.

Lass dich von deinem inneren Kind zu deinen tiefsten Herzenswünschen führen – mag sein, dass eine lange Wunschliste entsteht, die auch erfüllt werden will!

Wenn du weißt, wie du mit deinem inneren Kind in Kontakt kommst und jeden Tag fünf oder besser zehn Minuten mit ihm sprichst, ihm zuhörst, es teilhaben lässt an deinem Leben, kann Heilung geschehen. Wenn du an den See fährst, dann lade es ein mitzukommen, isst du ein gutes Eis, lade es ein mit dir zu genießen. Wenn es weint, kannst du mit ihm weinen, wenn es um deine Aufmerksamkeit bittet, nimm es zärtlich in den Arm.

Heilung bedeutet, sich die eigene innere Welt wieder zurückzuerobern, nach innen zu horchen und achtsam wahrzunehmen, ohne gezielt nach etwas zu suchen. Nicht alle erlittenen Verletzungen lassen sich mit guten Gründen erklären, denn wir leben in einer Welt der Polarität, in der auch Grausames geschieht.
Das innere Kind kann das gut akzeptieren, wenn es einen inneren, verlässlichen, liebevollen Erwachsenen gefunden hat.

Steine sammeln

Achtsamkeit lehrt uns zu erkennen, dass nichts von Dauer ist, und sie verleiht uns die Fähigkeit, jeden Augenblick zu genießen. Mach dir bewusst, dass oft der Weg und nicht das Endergebnis das Ziel ist.

Geh an einen Ort, an dem du Steine findest. Das kann dein Garten sein, ein Fluss- oder Bachufer, ein Wald oder ein Schotterweg. Lass deine Blicke schweifen und sammle verschiedene Steine, die dich besonders ansprechen. Lass dir dabei Zeit und schärfe deinen Blick für die Vielfalt der Steine.

Betrachte die Steine ganz genau, jeder Stein ist anders.
Fahr mit den Fingern über ihre Oberfläche, fühl wie glatt oder rau sie sich anfühlen und rieche daran. Meist duften sie nach Erde oder Kalk.
Bestimmt findest du einen Lieblingsstein, der besonders schön geformt ist oder eine außergewöhnliche Farbe besitzt. Nimm ihn in die Hand und schließ deine Augen, erfühle seine Ausstrahlung und nimm ihn mit nach Hause, wenn du magst.

Setz dich hin und lass die Steine zu dir sprechen, deine Fantasie anregen.
Halte einen Augenblick inne und erde dich.
Dann leg ein Mandala, ein Muster, eine Spirale, einen Kreis oder irgendein Fantasiegebilde.
Konzentriere dich auf das, was du tust, und genieß einfach die Zeit, die du mit dir selbst kreativ verbringst.

Wenn du fertig bist, zerstreue dein Steinkunstwerk wieder oder lass es liegen, damit sich jemand anderer daran erfreuen kann, bevor es von den Elementen langsam zerstört wird.

Heilritual mit deinem Stein

Steine wollen mit großer Achtsamkeit ausgesucht werden. Wenn du sie in dein Leben einladen möchtest, musst du diese Wesen kennenlernen, musst du fühlen lernen, deiner Intuition vertrauen und verstehen, ob sie mitkommen wollen. Immer wieder sprechen uns Steine an, wollen aufgehoben werden und mit nach Hause gehen, oft sind es unscheinbare Feldsteine und es tut uns gut, eine Weile mit ihnen zusammenzuleben.

Nimm deinen Stein in die Hand, leg dich bequem hin und schließ deine Augen. Spür, wie er sich anfühlt, welche Bilder oder Gefühle auftauchen.

Dann leg den Stein auf den Solarplexus oder auf den unteren Bauch und leg die linke Hand auf den Stein, die rechte darüber. Atme tief und ruhig und sinke mit jedem Ausatem ein Stück tiefer in die Entspannung, lass alle Unruhe und Stress langsam abfallen und komm in den Augenblick.

Alles sinkt in die Tiefe und die Kraft des Steines steigt auf. Diese alte, heilende Kraft, die alle Zeiten überdauert, breitet sich nun von da, wo er liegt, überallhin aus und du öffnest dich für sie.

Dein Atem führt dich in diese Kraft hinein und verbindet sich mit ihr, mit jedem Ausatem verströmt sie sich mehr in deinem Körper, erreicht alle Organe, füllt jede Zelle. Tief entspannt und gleichzeitig hellwach gibt sich nun dein ganzer Körper dieser alten Urkraft hin, die heilt und regeneriert. Gedanken verschwinden, während du dich ganz hingibst und geschehen lässt.

Mag sein, dass du so tief in die Stille fällst, dass du einschläfst.
Ganz in deiner Zeit wirst du wieder aus dem Meer des Unbewussten auftauchen, deinen Atem bewusst wahrnehmen und kleine Bewegungen machen. Bedank dich nun bei deinem Stein und spür der Erfahrung nach.

»Lebe! Liebe! Lache!
Gott hat die Welt nicht gegeben,
damit du ihr entsagst,
sondern damit du sie feierst!«

NIKOS KAZANTZAKIS
(aus *Alexis Sorbas*)

August

ZEIT
DER FÜLLE

Es ist Hochsommer, die heißeste Zeit des Jahres, in der Pflanze, Tier und Mensch »mit Feuer geladen« sind. Die Sonne hat zwar ihren Höchststand schon überschritten, doch die Erde hat die Wärme der letzten Monate gespeichert, die Natur und die Sonne strahlen um die Wette in sommerlicher Fülle und Glut. Es ist heiß und schwül, an manchen Tagen brauen sich plötzlich Wärmegewitter zusammen und sorgen für Spannungsausgleich, in den Nächten kühlt es kaum ab. Zu keiner Zeit ist die Natur so freigiebig wie jetzt. Sie strotzt in vollster Blüte und Fruchtreife, alle Pflanzen, Kräuter, Obst und Gemüse haben die Sonnenkraft tief in sich aufgenommen und entfalten ihr ganzes Aroma. Alles reift und bald kann geerntet werden, die Energien werden nicht mehr für den eigenen Aufbau verwendet, sondern dem neuen Leben weitergegeben.

Die Sonne, die in dieser Zeit am stärksten ist, bestimmt unsere Lebensenergie, die Sonnenblumenfelder spiegeln diese unerschöpfliche Kraft wider – Glück, Fülle, Genuss, Spaß und Spiel, Freizeit, Lebensfreude und ein bedingungsloses »Ja« zum Leben stehen jetzt im Vordergrund. Die Lebensfreude beginnt wie neue Feuerfunken zu sprühen, ein Schwall der Lebenslust, ein Sichverschwenden, sich an der Überfülle freuen. In diesem Hochsommermonat scheint das Vergängliche für einen Augenblick vergessen, alles erscheint lichtvoll, denn die Sonne ist das unsterbliche Zentrum und alles dreht sich um sie.

Zum Vollmond im August kumulieren auch die Herzenskräfte, denn es ist die Zeit der stärksten Herzkraft des Jahres. Meditiere in deine Mitte hinein, horch im Rhythmus deines Herzschlags nach innen und denke dabei: Ich bin, ich bin, ich bin …

Urprinzipiell ist natürlich die Sonne hier zu Hause, sie verkörpert das Wesen des Menschen und symbolisiert den Weg und das Ziel eines Menschen, das, worum es im »Wesentlichen« geht. Sie steht für Bewusstsein, Eigenverantwortung, Lebenskraft, Selbstvertrauen und Souveränität. Ihre Geschenke sind Herzlichkeit, pure kreative Lebensfreude, Begeisterungsfähigkeit, Ausstrahlung, Güte und Herzenswärme. Sonne ist reines Mitgefühl – unser warmes Herz, es geht darum, der Stimme unseres Herzens zu folgen. Das Sonnenprinzip hat bereits alle Kraft und Macht in sich und wirkt aus der Mitte nach außen strahlend, alles dreht sich um diesen Mittelpunkt. Ein symbolisches Bild dafür ist das Mandala, der vollkommene Kreis.

Die Sonne wird als »Licht der Welt« dem Feuerelement zugeordnet.

In dieser Zeit steht sie im Abschnitt des Tierkreises, den wir »Löwe« nennen.

Auf der Körperebene gehört die Region des Solarplexus mit dem Herzen zum Sonnenprinzip. Es ist unsere Mitte, im energetischen Sinn, aber auch das Organ der Liebe und Güte, der Ort, wo unsere Emotionen zu spüren sind.

Und auch die Augen, die Fenster zur Seele, als wesentliches Organ unserer Ausstrahlung gehören hierher. »Wär' nicht das Auge sonnenhaft, die Sonne könnt es nie erblicken«, schrieb Goethe in seiner Farbenlehre. Und tatsächlich beginnen die Augen zu strahlen, wenn die Sonne im Herzen aufgeht.

Ein Lächeln für mein Herz

In allen spirituellen Traditionen gibt es Übungen und Meditationen, deren Ziel es ist, das Herz zu öffnen und liebevoller mit sich selbst und anderen umzugehen. Wer ein Lächeln in seinen Augen zum Leuchten bringen kann, kann es von dort auch leicht in sein Herz fließen lassen, sodass es in einem lächelnden Rhythmus schlägt. Ein lächelndes Herz bringt Offenheit mit sich, die sich warm und weich in der Mitte der Brust anfühlt und uns vielen Herausforderungen gegenüber gelassenen und ruhiger werden lässt.

Das hat wundervolle Auswirkungen bei vielen seelischen Themen, weil wir unseren Herzensangelegenheiten gegenüber offener sind und unsere Herzensthemen besser bewältigen. Wenn unser Herz auf unsere ganz eigene herzliche Art zu lächeln lernt, wird im Leben vieles leichter. Dazu kommt, dass ein weites, offenes, lächelndes Herz Herzenswärme und Freundlichkeit ausstrahlt, die auch andere Herzen gewinnt, wenn wir einander von Herz zu Herz begegnen.

Setz dich aufrecht hin, schließ deine Augen und lass deinen Atem ganz natürlich fließen. Wenn du zur Ruhe gekommen bist, lass ein leises, völlig entspanntes Lächeln auf deinen Lippen entstehen. Dann lass deine Lippen deinen Augen zulächeln. Und es tut den Augen so unendlich gut, angelächelt zu werden, dass auch sie nach und nach zu lächeln beginnen.

So kann Raum entstehen zwischen den Augenbrauen, die Stirn kann frei und weit werden wie ein wolkenloser Himmel und in den Augen kann sich ein gelöstes Lächeln entwickeln.

Die Augen schenken ihr Lächeln dem Herzen, indem du ganz einfach an dein Herz denkst, dem Herzen zulächelst, es einfach anlächelst. So kann die einzigartige Energie, die im Lächeln liegt, zum Herzen hinfließen. Freiheit und Offenheit und Weite des Lächelns und auch seine tiefgründige Weisheit ... und sein liebevolles Aufmuntern ...

Und dein Herz kann baden in diesem Lächeln wie in einem warmen Bad voll duftender Heilkräuter …
Es kann stille Freude empfinden und sich öffnen und nach und nach auf seine ganz eigene, herzliche Art und Weise selbst zu lächeln beginnen.

Ein wundervolles Gefühl – ein lächelndes Herz zu haben – spüren zu können, wie es sich anfühlt, ein lächelndes Herz zu haben …

So wird alles durchflutet von der strahlenden Energie des Lächelns, kann sich erholen und regenerieren, sich vielleicht auch schon warm und weich und weiter anfühlen, während du ruhig und fließend weiteratmest.

Beende dann diese kleine Übung und nimm die weite Offenheit mit in den Tag. Versuch während des Tages immer wieder, zunächst deine Augen und dann dein Herz lächeln zu lassen!

> *»Nimm eine Handvoll*
> *Sommer in den Herbst hinein,*
> *um von den Früchten der*
> *Erinnerung zu zehren*
> *und von den langen Tagen, blau*
> *vor Sonnenschein,*
> *die jäh entschwunden sind und*
> *nicht mehr wiederkehren.«*
>
> FRIEDRICH VON TSCHUDI

Herzatmung

Das Herz-Chakra befindet sich in der Mitte des Brustkorbs und füllt deinen Körper mit fließender Energie. Diese ganz einfache Atemübung kann Blockaden lösen, dieses energetische Zentrum öffnen und so deine Gefühlswelt heilen.

Stell oder setz dich aufrecht hin und lächle von innen heraus. Leg beide Hände auf die Mitte deiner Brust, schließ die Augen und atme ruhig und gleichmäßig in dein Herz-Chakra.

Stell dir vor, dass du beim Einatmen von oben Licht aufnimmst und dich im Herzen berühren lässt und dass du beim Ausatmen vom Herzen her Licht ausstrahlst. Spür mit großer Dankbarkeit diese Erfahrung von Liebe und Freude im Herzen.

Du kannst den Atem auch mit einer Affirmation verbinden.
Beim Einatmen: »Ich öffne mich für die Himmelskraft.«
Beim Ausatmen: »Ich schicke Licht und Liebe in die Welt.«

Oder aber du verbindest den Atem mit einem Mantra, zum Beispiel beim Einatmen von oben zum Herzen mit »AUM«.
Beim Ausatmen vom Herzen in die Welt mit »AUM«.

Mach die Übung mindestens fünf Minuten und sei ganz achtsam bei deinem Herzen.

Meine Herzensfragen

Eine einzige, kleine Frage kann uns wachrütteln, kann uns spontan eine völlig neue Perspektive eröffnen, daran erinnern, was uns eigentlich einmal wichtig war im Leben. Durch kleine Fragen können wir große, wichtige Antworten bekommen, wenn wir ehrlich sind mit uns. Jede für sich kann ein Wunder auslösen, denn das, wofür unser Herz schlägt, macht uns glücklich.

Nimm dir Zeit für deine Herzensfragen, schließ die Augen und geh mit deiner Aufmerksamkeit in deinen Brustraum, zu deinem Herzen hin.

Leg eine Hand sachte auf dein Herz und versuch die Berührung, ihre Wärme und deinen Atemrhythmus bewusst zu spüren. Wie fühlt es sich an, auf diese Weise zum Herzen hin zu lauschen?

Und dann frag dein Herz: »Mein liebes Herz, wie geht es dir? Ich möchte spüren, was dich bewegt, was willst du mir sagen?«, und lausche.

Stell alle Fragen, die jetzt ganz spontan auftauchen, und nimm die Antworten wahr und wichtig.

Hier sind noch ein paar Anregungen dazu:

Wie großherzig bin ich?
Fühle ich mich in meiner Mitte?
Höre ich die Stimme meines Herzens?
Wie viel Lebensfreude empfinde ich?
Lebe ich nach meines Herzens Lust?
Kenne ich meine tiefsten Herzenswünsche?
Was lässt mein Herz vor Freude hüpfen?
Was begeistert mich?

**Mach dir anschließend Notizen dazu in deinem Achtsamkeitsbüchlein.
Du kannst diese Übung so oft machen, wie du möchtest, gleichgültig, wo du bist. Leg einfach deine Hand aufs Herz, halte einen Moment inne und nimm bewusst Kontakt mit deinem Herzen auf.**

Selbstheilungskräfte stärken

Der Alltag lenkt unsere Aufmerksamkeit ständig nach außen, dadurch verlieren wir den Kontakt mit unserem Körper, unserem Herzen und unserer Seele. Wenn wir uns immer wieder kleine Auszeiten nehmen, um ganz bewusst innezuhalten und zu uns zu kommen, können wir viel für unsere Gesundheit tun.

Leg dich bequem auf den Rücken, schließ deine Augen und atme ein paarmal ganz bewusst und tief, bis sich Ruhe auszubreiten beginnt.
Mit jedem Ausatem kannst du ein Stück mehr loslassen und dich tiefer sinken lassen in die Entspannung.

Leg nun eine Hand auf dein Sonnengeflecht oberhalb des Nabels und schick deine ganze Aufmerksamkeit dorthin. Stell dir vor, dass dort eine Sonne scheint, die immer stärker strahlt mit jedem Atemzug, bis sie über das Sonnengeflecht hinausstrahlt durch deinen Unterleib, bis durch deine Beine und hinunter in deine Füße.

Dann wandern die Strahlen in deinen Oberkörper, in deinen Brustraum, durch deine Arme bis in deine Fingerspitzen und hinauf in dein Gesicht, bis es schließlich deinen ganzen Kopf mit Licht erfüllt. Und du genießt dieses Strahlen in dir und die Wärme, die damit einhergeht und so wundervoll heilend ist, nimmst sie in jeder Zelle auf, in jeder Körperregion, in jedem Organ. Lass deine »Sonne« noch größer werden und genieß deine Ausstrahlung, die dich so einzigartig macht, nimm ein Bad in deinem Charisma!

Und dann hüllst du dich mit deinem Licht schützend ein, nimmst die Lichtstrahlen langsam wieder zurück, bis die Sonne wieder in deinem Sonnengeflecht ist. Spürst die Wärme unter deinen Händen, löst dich allmählich wieder von deinem Sonnengeflecht und legst deine Hände für einen Augenblick auf dein Gesicht, bedeckst deine Augen und spürst nach.

Meditation der liebenden Güte

In der Herzensmeditation richten wir unsere Aufmerksamkeit auf das innere Aussprechen von Wünschen, die wir an unser Herz richten. Dadurch lernen wir auch seine Wünsche besser kennen und heilen es, indem wir mitfühlend lauschen, sodass die Herzensenergie frei fließen kann. Die »Meditation der liebenden Güte« kommt aus dem Buddhismus und wird auch Metta-Meditation genannt.

Setz oder leg dich entspannt hin und schließ deine Augen. Spür hin zu deinem Atem, dem sanften Kommen und Gehen deiner Atemzüge und lass mit dem Ausatem los von allem, was dich noch beschäftigt.

Mach dir bewusst, dass du in diesem Augenblick beschützt und gut aufgehoben bist, getragen und gewiegt im sanften Kommen und Gehen deines Atems und lass Ruhe einkehren.
Spür nun zu deinem Herzraum hin, zu dem Bereich in deiner Brust, in dem dein Herz zu Hause ist, und stell dir vor, deine Aufmerksamkeit wirkt wie wärmendes Licht, das dein Herz liebevoll einhüllt, sodass es sich wohlig geborgen fühlen kann, ja, vielleicht in dem warmen Licht baden und größer werden kann und auch weiter …

Und wenn du bereit bist, dann sprich mit deiner liebevollen inneren Stimme ganz bewusst und langsam den ersten Wunsch der Herzensmeditation: »Möge ich glücklich sein«.
Mach eine kurze Pause und sprich den Wunsch noch 5 Mal …

Spür hin zu deinem Herzen, wie es sich jetzt anfühlt, und beginn den zweiten Wunsch zu sprechen: »Möge ich sicher sein« in einem ganz ruhigen Rhythmus 5 Mal hintereinander …

Stell dir vor, deine Wünsche sind Samen, die du in dein Herz und in deinen Geist säst wie Blumensamen in die Erde. Anstelle von Sonnenblumen sind es Samen von Glück, Gesundheit und Frieden.

Sprich nun den dritten Herzenswunsch aus: »Möge ich gesund sein« und wiederhole auch ihn ganz langsam 5 Mal.

Atme ruhig, vertraue darauf, dass wachsen wird, was du säst, und lass deine Wünsche tief in dein Herz sinken. Mach dir bewusst, dass du alles hast, was du brauchst, um Herzenswärme und liebevolle Güte zu voller Blüte zu bringen.

Sprich nun deinen vierten Herzenswunsch: »Möge ich unbeschwert leben« und mach dir jedes Wort bewusst, deinen Wunsch nach Leichtigkeit und Freiheit. Spür, wie es sich anfühlt, wenn du heiter bist und unbeschwert und sprich auch diesen Wunsch 5 Mal …

Und dann leg eine Hand ganz sanft auf dein Herz … Wenn du bereit bist, dann frag jetzt: »Mein liebes Herz, wie geht es dir?« und lausche …, lausche, was dein Herz zu dir spricht …

Hör die intuitiven Worte, die nach und nach kommen, und nimm alle Empfindungen und Antworten deines Herzens wohlwollend wahr und wichtig.

Sag immer wieder leise im Geiste: »Mein Herz, mein liebes Herz …« Spür dabei das sanfte Kommen und Gehen deines Atems und freu dich daran, lebendig zu sein, beschenkt mit einem so wundervollen großen Herzen!

»Dankbarkeit ist das Gedächtnis
des Herzens.«

JEAN-BAPTISTE MASSILLON

September

ZEIT FÜR

DANKBARKEIT

Glasklar ist der Himmel, darunter ein zarter Schleier, der sich über Wiesen und Felder legt. Der Hochsommer ist nun zu Ende und auch wenn der Kalender noch Sommer anzeigt, ist klar spürbar, dass sich etwas verändert. Die Sonne macht sich langsam auf den Weg zur Tagundnachtgleiche, am Morgen wird es später hell und die Abende sind kühler und schneller dunkel, die Kräfte der Wandlung sind nun aktiv. Zum August gehörte noch das Gefühl der Unsterblichkeit, denn die Sonne hatte ihre stärkste Kraft und die Vergänglichkeit war noch nicht spürbar. Nun wird das Licht schon deutlich weniger und der Herbst kündigt sich an. Es ist ein abgeklärtes Nachklingen und Prüfen, alles was dem Fortbestand der Natur dient, bleibt erhalten. An kühlen Morgen legt sich schon Nebel über die Wiesen, Wind und Regen ziehen immer wieder übers Land, an schönen Tagen kann die Sonne aber noch gut wärmen, ihr Strahlen hat sich von einem hellen Leuchten in ein Goldgelb verwandelt. Aus dem satten saftigen Grün wird allmählich ein Rötlich-Gelb und ein Grünlich-Braun, jeder Baum scheint seine eigene Farbpalette auszuspielen, um seinen Blättern für ihren letzten Tanz ein buntes Kleid zu schenken.

Schwer und saftig hängen die reifen Äpfel und Birnen an den Bäumen, umschwirrt von Bienen und Wespen, die sich an den süßen Früchten gütlich tun, bevor sie geerntet werden. Auf den Feldern wird das letzte Korn eingefahren, Obst, Feldfrüchte, Nüsse und Trauben werden geerntet. Vorräte werden angelegt, es wird aufgeräumt, neu geordnet, gezählt, reflektiert, gesammelt und verarbeitet, langsam bereitet man sich auf die kommende Jahreszeit vor. Bald wird Erntedank gefeiert, es ist Zeit innezuhalten und der Freude und Dankbarkeit für die vielen

Gaben und Geschenke Ausdruck zu geben. Anders als bei den bunten Sommerfesten schwingt nun ein gewisser Ernst, ein Abschiednehmen von der fröhlichen Unbeschwertheit mit. Das Feuer, das im Außen gebrannt hat, wird nun nach innen getragen, unsere Aufmerksamkeit langsam nach innen gelenkt, jetzt kann Bilanz gezogen werden.

Die Herbst-Tagundnachtgleiche wird um den 22. September gefeiert, die Nächte werden spürbar länger, die Tage kürzer.

Urprinzipiell ist es die Zeit von Jungfrau-Merkur, der als Gegenpol zum luftig-leichten Zwillinge-Merkur im Juni zum Erdelement gehört und praktisch und sachlich-real orientiert ist. Er will ordnen, analytisch denken, kritisch sichten und nach allgemeingültigen Normen und Regeln arbeiten, er versteht es sparsam zu wirtschaften und solide vorauszuplanen. Kein anderer kann so instinktsicher unterscheiden zwischen gesund und ungesund, nützlich und unnütz, wertvoll und schädlich.

Es ist eine ordnende Kraft, die alles miteinander in Verbindung bringt und damit die Kräfte ihrem eigentlichen Zweck zuführt, und eine unterscheidende Kraft, die alles ausscheidet, was krank macht. Gesundheitsbewusstsein, Hausverstand, Beobachtungsgabe, die Liebe zum Detail, Achtsamkeit und Dankbarkeit sind seine Gaben.

In dieser Zeit steht die Sonne in dem Abschnitt des Tierkreiszeichens, den wir als »Jungfrau« bezeichnen.

Auf der Körperebene gehören der Darm und der Verdauungstrakt hierher, dessen Aufgabe es ist, das Essen nach dem Prinzip der Nützlichkeit zu analysieren und aufzuspalten. Was der Körper braucht, wird behalten und weiterverwertet, was er nicht brauchen kann, wird ausgeschieden, hier wird Ordnung in die Vielfalt gebracht.

In der Fülle leben

Oft genug sind wir unzufrieden, weil wir dem Negativen und dem Unerreichten zu viel Gewicht geben, uns mit anderen vergleichen, weil wir vergessen, wie viel uns in jeder Beziehung gegeben ist. Dadurch versäumen wir so viel Schönes, Wundervolles, das uns jeden Tag geschenkt wird – die Fülle des Lebens.

Wenn wir unsere Gedanken und unsere Wahrnehmung auf die Fülle ausrichten, die immer und überall da ist, kann es keinen Mangel geben. Wenn wir üben, all das zu sehen, was schon da ist, was möglich geworden ist, trotz aller Schwierigkeiten, was wir erreicht haben. Wenn wir regelmäßig all das würdigen, was uns geschenkt ist, können wir zu Dankbarkeit und echter Freude finden.

Setz dich entspannt hin und geh in Gedanken durch deinen Alltag. Werde dir dabei der Fülle bewusst, die dich umgibt – des geschützten Raumes deiner Wohnung, dass du genug zu essen hast, nicht frieren musst, gesund bist, in Frieden lebst und dein Leben in vieler Hinsicht selbst gestalten kannst.

Werde dir auch der Fülle bewusst, die du in dir trägst, deiner Talente und Gaben und auch der vielen Möglichkeiten, diese Gaben, dein Wissen weitergeben und teilen zu können, anderen helfen zu können.

Und spür die Dankbarkeit, die deinen Blick für das Besondere im Alltag öffnet, dieses tiefe Gefühl, das dir zeigt, dass du so unendlich beschenkt bist, dass du großzügig sein darfst, weil es dir an nichts mangelt und du das Gute mit anderen teilen kannst. Mach dir auch bewusst, dass der Dankbarkeit tiefe Freude folgt, Freude über alles, was da ist, und dass du viele Dinge im alltäglichen Leben nicht mehr als selbstverständlich betrachtest.

Verborgene Schätze

Die Natur schenkt uns im Herbst so viel, wofür wir dankbar sein können, wenn wir achtsam sind. Die prächtigen Blüten sind nun welk geworden und die Blätter verfärben sich langsam, doch zwischen all diesen vergänglichen Schönheiten finden sich verborgene Schätze – Früchte und Samen. Wir können uns mit Jute- oder Leinensäckchen auf den Weg zur herbstlichen Ernte in den Garten oder in den nahen Wald machen.

Wenn wir mit offenen Augen gehen, dann entdecken wir jetzt noch vieles, was unsere Küche und Vorratskammer bereichert. In den Wäldern gibt es Bucheckern und Pilze, in manchen Gegenden auch Esskastanien, Haselnüsse laden am Wegesrand zur Ernte ein, auf den Bergen leuchten die roten Preiselbeeren und an Hecken die Hagebutten.

Sammle Samen für die Küche, wie Anis, Fenchel, Koriander und Mohn oder für die Aussaat im nächsten Jahr. Manche Samen sind in Früchten und Gemüse verborgen, manche trocknen an der Pflanze.

Nimm ein paar Briefumschläge, geh bei schönem Wetter in den Garten und schau dich um, wo du bereits reife, trockene Samen vorfinden kannst. Schüttle dann die Samen direkt von der Pflanze in den Briefumschlag oder schneide, zum Beispiel beim Mohn, den Samenstand ab und löse die Samen heraus. Dann verschließ den Umschlag gut und schreib den Namen der Pflanze und das Datum darauf. Lagere die Umschläge an einem kühlen, trockenen Ort bis zur Aussaat.

Die Aussaat kann im nächsten Jahr manch interessante Überraschung bescheren, denn die Samen fallen nicht immer so aus wie die Mutterpflanze.

Sei ganz im Augenblick, wenn du die Samen erntest, und schätze die Tätigkeit als das, was sie ist, in Dankbarkeit für die Geschenke.

Ich bin dankbar für ...

»Wenn das einzige Gebet, das du in deinem ganzen Leben sprichst,
›Danke‹ lautete, dann wäre es genug«, schreibt der deutsche Mystiker
und Philosoph des Mittelalters, Meister Eckhart.

Lass es zu einem täglichen Ritual werden, achtsam nach Augenblicken der Dankbarkeit Ausschau zu halten.

Geh mit wachen Augen und offenem Herzen durch die Welt und nimm die vielen kleinen Geschenke wahr, die dir jeden Tag gegeben werden. Überleg am besten abends, wofür du dankbar bist, und schreib mindestens fünf Dinge, beglückende Begegnungen oder wohltuende Situationen auf, für die du von Herzen danken kannst.

Vergiss dabei nicht, dir selbst hin und wieder zu danken!

Verwende dazu dein Achtsamkeitsbüchlein oder leg dir ein Dankbarkeitstagebuch zu, dort kannst du dann auch Fotos einkleben oder Zeichnungen anfertigen.

Wenn du dieses Ritual regelmäßig machst, entwickelst du ein Gespür für die vielen Gelegenheiten, in denen du dankbar sein kannst. Bald wirst du merken, dass du viel achtsamer durch den Tag gehst, dass es dich gelassener und tief zufrieden macht und du viel bewusster lebst.

Wenn du möchtest, kannst du gleich hier mit einer kleinen Liste beginnen: Nimm den Gedanken »Ich bin dankbar ...« als stärkendes und öffnendes Mantra mit in deinen Tag.

- Ich bin dankbar für das warme Bett, in dem ich geschlafen habe.
- Ich bin dankbar für meinen wundervollen Körper.
- Ich bin dankbar, dass ich eine Arbeit habe, die mich nährt und ernährt.
- Ich bin dankbar ...

Finde am besten mehrmals in der Stunde einen Grund, dankbar zu sein – wenn du mit anderen Menschen zusammen bist, sprich es ruhig laut aus und schau, was geschieht.

Dankbarkeitsmomente sammeln

Dieses kleine Ritual öffnet deine Augen und dein Herz für die vielen wundervollen Augenblicke, die dir täglich geschenkt werden. Ich möchte es dir für diesen Monat ans Herz legen.

Es gibt eine schöne Geschichte von einem Mönch, dem ein neuer Novize zugewiesen wurde. Beide gingen ihre erste gemeinsame Runde, um die Dorfbewohner um etwas Reis zu bitten. Gelegentlich nahm der alte Mönch einen Stein aus der Tasche, sah ihn sich mit einem Lächeln an und legte ihn in eine andere Tasche. Der Novize wurde immer neugieriger, wagte aber nicht zu fragen. Am Abend nahm der alte Mönch alle Steine hervor, sah sie sich einzeln an und legte sie zurück in die Tasche, in der sie ursprünglich waren. Da nahm sich der Nachwuchsmönch ein Herz und fragte nach. Der alte Mönch sagte: »Jedes Mal, wenn ich für etwas dankbar bin, nehme ich einen Stein, lege den Moment und meine Dankbarkeit hinein und verwahre ihn. Am Abend nehme ich mir die Steine vor, erinnere mich an den Moment und nehme die Dankbarkeit wieder heraus. So bleibt die Dankbarkeit in mir und schenkt mir ein Lächeln.«

Füll ein paar Steine, Murmeln oder Perlen in ein Dankbarkeitssäckchen, das du immer bei dir trägst. Wann immer du etwas Schönes, Zauberhaftes, Berührendes beobachtest oder erlebst, für das du dankbar bist, hol einen Stein aus dem Säckchen, leg den Augenblick deiner Freude in den Stein und stecke ihn in eine andere Tasche.

Hol am Abend alle Steine wieder heraus, erinnere dich an den Moment, nimm die Dankbarkeit wieder heraus und leg die Steine zurück in das Säckchen. So beschenkt dich deine Erinnerung noch einmal mit der erlebten Dankbarkeit und Freude.

Das Hier und Jetzt zu Papier bringen

Schreiben schafft Klarheit, bringt Ordnung in die Gedanken, macht es uns leichter, uns selbst intensiver zu spüren und damit besser wahrzunehmen. Diese Übung hilft uns, den Augenblick mehr ins Bewusstsein zu holen.

Nimm Stifte und begib dich an einen Platz, an dem du dich wohlfühlst. Das kann ein Platz in der Natur sein, die Couch, die Hängematte oder was auch immer.

Nimm eine bequeme Position ein, schließ kurz deine Augen und atme ruhig. Nun kannst du alles zu Papier bringen, was dir gerade jetzt in den Sinn kommt, deine Gedanken, deine Gefühle, was du wahrnimmst, was du hörst, riechst. Einfach das JETZT …

Du musst nicht viel schreiben, Stichworte reichen vollkommen. Eventuell magst du ja auch etwas dazu zeichnen.

Du kannst diese kleine Übung immer wieder in deinem Achtsamkeitsbüchlein machen!

»An einem Tag, an dem wir bewusst ›Danke‹ sagen, haben wir den Zauberstab gewonnen, der alles verwandeln kann.«

OMRAAM AIVANHOV

Dankbar leben

Achtsamkeit und Dankbarkeit sind eng miteinander verbunden, denn ohne Achtsamkeit erkennen wir nicht, was uns täglich geschenkt wird. Je mehr wir es aber erkennen, desto öfter sind wir dafür dankbar. Dankbarkeit ist das Bewusstsein, dass das ganze Leben ein Geschenk ist – jeder Augenblick ist ein gegebener Augenblick, alles ist Gabe.

Das Gefühl der Freude und des Staunens steht uns in jedem Augenblick unseres Lebens zur Verfügung, wenn wir offenen Herzens sind. Wenn wir unseren Blick bewusst auf die kleinen schönen Dinge des Lebens richten, die leicht übersehen werden, wenn wir uns an das Schöne und das Wunder nie ganz gewöhnen.

Wenn wir bereit sind, dankbar für all das Gute zu sein, das uns jeden Tag widerfährt, sind wir in Resonanz mit der Fülle. Bruder David Steindl-Rast hat ein wundervolles Gleichnis dafür: Er sagt, dass wir eine Schale, ein Gefäß in uns tragen, in dem wir Momente des Glücks sammeln. Unsere Überflussgesellschaft hält das Hinzufließende zurück, indem sie einfach die Schale vergrößert, sobald es wie in einem Brunnen überfließen möchte. Wenn wir Dinge, die letztes Jahr noch etwas ganz Besonderes für uns waren, jetzt als selbstverständlich ansehen, dann wird das Gefäß größer und damit die Freude am Überfließen, die Dankbarkeit, immer wieder hinausgeschoben. Wenn wir aber die Schale kleiner machen, indem wir unsere Bedürfnisse einschränken, wieder den Blick für das Wesentliche haben, dann fließt es schneller über und die Freude der Dankbarkeit wird uns früher geschenkt.

Wenn wir alle unsere Schale ein bisschen kleiner machen könnten, wäre die Freude in der Welt größer!

Abschied nehmen vom Sommer

Mit der Tagundnachtgleiche um den 22. September ist der Sommer endgültig zu Ende und der Herbst beginnt. Es ist ein stiller Augenblick, in dem alle Kräfte miteinander in einem vollkommenen Gleichgewicht stehen. Das pflanzliche Leben beginnt zu welken, aus Blüten werden Früchte und Samenkörner, die absteigende Sonne lässt reifen.

Anders als im Frühling wird die Natur auch jetzt noch einmal bunt, diesmal sind es nicht die Blüten, sondern die Früchte, die uns reich beschenken.

Noch schenkt sich uns warmes Licht, die Intensität eines letzten Aufleuchtens, schenkt sich so manch spät erblühte Blume, ein Blühen gegen die Zeit. Geschenkte Tage, geschenkte Stunden – hinaufschauen in das Blau und die Gedanken Drachen steigen lassen, hinein in den Himmel, jetzt den Träumen Raum geben.

Im Herbst wird uns die große und unaufhaltsame Vergänglichkeit so richtig bewusst, die Gesetzmäßigkeit des Lebens, die besagt, dass alles zur rechten Zeit geschieht. Jetzt gilt es dankbar Abschied zu nehmen, es geht nun ums Loslassen und darum zu lernen, geschehen zu lassen, was geschehen will und muss. Tage des ersten Abschieds, langsamer werden, stiller werden, Zeit nehmen für unser Innenleben, hineinhorchen, in uns und um uns herum Ordnung schaffen.

Versuche stets ein Stückchen Himmel über deinem Leben frei zu halten!

»Ob ich viel habe oder wenig,
immer bin ich glücklich.
Ob ich viel habe oder wenig,
ich habe alles –
das ganze Leben!«

GEORGE GERSHWIN
(aus der Oper *Porgy and Bess*)

*Erinnern heißt zurückschauen,
das Bild im Herzen betten –
und in Liebe weitergehen.*

Oktober

ZEIT DES
INNEHALTENS

ie Sonne scheint nun merklich kürzer als in den vergangenen Wochen, Tag und Nacht sind gleich lang, sie halten sich die Waage. Es ist noch einmal ein Augenblick des Innehaltens, weder die Hitze des Sommers ist mehr zu spüren, noch die Kälte des Winters und doch liegt von beiden etwas in der Luft. An schönen Tagen zeigt der goldene Herbst sein warmes Licht und verbreitet eine Atmosphäre von Ruhe und Harmonie, die Kräfte halten sich das Gleichgewicht. Die Natur erweist sich als Künstlerin, welch leuchtende Pracht zeigt sich uns! Nie schenkt der Garten eine solche Fülle an bunten Blumen wie jetzt, wo Sommer- und Herbstblumen einander begegnen und die Wälder leuchten im flammenden Schmuck gelber, roter und goldener Farben. In den Baumwipfeln treffen sich die Vögel zu einem letzten Konzert, bevor sie in großen Schwärmen in den Süden fliegen. Der Wein, Kastanien und die letzten sonnenreifen Früchte werden geerntet und die Blumenzwiebeln für den nächsten Frühling in die Erde gepflanzt.

Die Essenz jetzt im Herbst ist eine andere als im Frühling, wo die Schönheit erst im Begriff ist zu erwachen. Im Goldenen Oktober können wir die gesamte Schöpfung in ihrer vollen Entfaltung wahrnehmen.

Der Himmel macht einen Moment Pause und hält inne, es ist die Zeit der Wende, denn mit der Herbst-Tagundnachtgleiche begann die zweite Hälfte des Sonnenjahres, der Winterrhythmus. Es ist jetzt gut zu spüren, dass der Höhepunkt des Jahres überschritten ist, eine gewisse Wehmut liegt in der Luft und die Stimmung des Abschiednehmens und Scheidens. So genießen die Menschen jetzt noch einmal ganz bewusst die bunten Farben, Licht und Wärme der milden Sonne in dem Wissen um die bevorstehende lange Zeit der Dunkelheit und Kälte.

Urprinzipiell ist es die Zeit der Waage-Venus, deren Themen Frieden und Balance sind. Sommerwärme und Winterkühle durchdringen einander in wundervoller Harmonie. Die Liebesgöttin Venus/Aphrodite, der wir schon im Wonnemonat Mai begegnet sind, ist hier nicht die sinnlich genießerische, erdige Herrscherin, sondern die luftige, himmlische Venus *urania*. Kultivierte Harmonie und Aussöhnung, Diplomatie, Sinn für künstlerische Schönheit, Eleganz und Sinnlichkeit sind ihre Gaben. Sie liebt schönes Ambiente, Kultur und Musik, die Verlockung und das süße Spiel der Anziehung, sie lehrt uns unseren eigenen Begriff von Schönheit zu entwickeln und kann uns inneren Frieden schenken. Ihr größtes Geschenk aber ist die Liebe, diese mächtige Kraft, die alles in Harmonie bringt und uns zutiefst berührt, sodass wir ganz still werden. Venus leuchtet jetzt als Abendstern und wird dem Luftelement zugeordnet. Es ist die Zeit der »Waage«.

Aufgaben dieser Zeit wären von der inneren zur äußeren Schönheit zu finden, vom inneren zum äußeren Frieden. Wenn es jemanden gibt, mit dem du dich aussöhnen möchtest, wäre nun Gelegenheit, das zu tun. Vielleicht beginnst du bei dir selbst, dir Dinge oder Versäumnisse nicht länger nachzutragen, die seelische Wirkung ist unglaublich befreiend.

Auf der Körperebene gehören die Nieren zum Waage-Venusprinzip, weil sie das Säure-Basen-Gleichgewicht im Körper vermitteln und damit die Balance zwischen weiblichen und männlichen Kräften. Damit ist auch Partnerschaft ein Venusthema. Die Haut als Kontaktorgan gehört ebenfalls hierher. Während bei Saturn die abgrenzende Funktion der Haut im Vordergrund steht, geht es hier um die Berührung und die Reaktion darauf, zum Beispiel mit Allergien.

Baummeditation

Mach alleine einen Spaziergang durch den herbstlichen Wald oder im Park, such dir einen Baum aus und schenk dir genügend Zeit, um ihn zu betrachten. Durch das innere Sehen, das sich dabei unwillkürlich einstellt, nimmst du die Lebenskraft und Energie des Baumes wahr. Diese aus dem Zen inspirierte Achtsamkeitsmeditation ist ganz einfach.

Komm beim Gehen mit deiner Aufmerksamkeit vom Kopf in dein Herz, atme entspannt ein und aus und nimm wahr, wie deine Füße die Erde berühren.

Halt zwischen den Stämmen immer wieder inne und zentriere dich bewusst in deiner Mitte. Dann lass dich von deinem Bauchgefühl zu einem Baum ziehen.

Nähere dich dem Baum Schritt für Schritt und spür dabei bewusst die Grenze, an der sein Raum beginnt. Schick deinem Baum einen Herzensgruß (Tiere und Pflanzen können ihn verstehen) und warte auf seine Erlaubnis, näherzutreten.

Finde die passende Art der Kontaktaufnahme. Vielleicht magst du dich an seinen Stamm lehnen oder ihn umarmen?

Schließ nun deine Augen und spür dich selbst als Teil der Natur, lass den Wind, die Sonnenstrahlen deinen Kopf frei machen wie eine leere Leinwand und lass zu, dass dein Herz sich weit öffnen kann.

Atme sanft in deinen Bauch hinein und spür die Dehnung beim Einatmen und das Flachwerden beim Ausatmen. Atme ganz ruhig und freundlich gemeinsam mit deinem Baum.

Welche inneren Gefühle steigen auf, welche Gedanken? Bleib ganz bei dir und gleichzeitig offen für die Schönheit dieses Lebewesens. Warte, ohne etwas zu erwarten, und lass zu, dass sich deine inneren Sinne aktivieren, deine Hellhörigkeit, deine Hellsichtigkeit, deine Hellfühligkeit.

Mag sein, dass Fragen auftauchen, dann nimm dir Zeit, die Antwort zu empfangen, ein inneres Bild, einen Ton, einen Gedanken oder Geruch.

Dein inneres Gefühl wird dir sagen, wann es Zeit ist, das »Gespräch« zu beenden und Abschied zu nehmen. Dann bedank dich, atme noch einmal tief die Energie deines Baumes ein und mit dem Ausatem öffne deine Augen und komm mit deiner Aufmerksamkeit wieder ganz bei dir selbst an.

Herbstlicht speichern

Eine meiner liebsten Geschichten erzählt von der Maus Frederick, die im Herbst Sonnenstrahlen, Farben und Wörter für die kalten, dunklen Wintertage sammelt, anstatt wie die anderen Mäuse Futtervorräte anzulegen. Als schließlich alle Vorräte aufgegessen waren und die Mäuse froren, ließ Frederick seine Freunde die Augen schließen und schenkte ihnen seine Vorräte an warmen Sonnenstrahlen, bunten Sommerfarben und schönen Geschichten.

Mach es wie Frederick, geh hinaus in die Natur und sammle das milde Herbstlicht, ehe der Wind die Blätter von den Bäumen reißt.

Leg dich noch einmal in das raschelnde Gras und lass Lichtspuren über deine nackte Haut gleiten, sie von der späten, letzten Wärme des Jahres durchdringen. Hingabe ohne Bewegung.

Sammle die flammenden Farben der Blätter, der letzten bunten Herbstblumen und speichere sie in deinem Herzen für die dunklen, kalten Tage. Es lohnt sich, den Goldenen Oktober mit allen Sinnen in sich aufzusaugen, denn bald schon wird diese unendliche Schönheit wieder verwandelt.

Vielleicht magst du ja auch etwas in dein Achtsamkeitsbüchlein schreiben oder zeichnen.

Oktobergedanken

Während der Frühling eine Zeit des Aufbruchs, der Wiedergeburt und der Erwartungen ist, zeigt sich dem, der verweilt, der Herbst als Zeit der Reife, der Erfüllung und auch des Abschieds. Das Sonnenlicht ist milder als im Sommer, nur an manchen Tagen wärmt die Sonne noch, es ist die Zeit des Wanderns, noch einmal in die Berge, bevor der erste Schnee kommt. Hinausschauen ins Land, auf die herbststrahlenden Laubwälder, gemischt mit den gelben Tupfen der Lärchen im Tannengrün unter dem klaren Herbsthimmel. Innehalten. Indem wir hinausschauen, in uns hineinschauen.

Auf dem Weg ein Blatt, noch leuchtet es gelb als Zeichen des lichten, sonnigen Herbstes, doch der Rand ist trocken geworden und verfärbt sich schon braun. Ein einziges Blatt – unter den vielen anderen Blättern hätten wir es nicht wahrgenommen, jetzt wird unser Blick achtsam. In diesem unscheinbaren Blatt ist Vergänglichkeit, Braun wächst in das Gelb hinein, Lebenslinien zerbrechen, im Kleinen spiegelt sich das Ganze. In jedem Wachsen ist das Sterben enthalten und in jedem Blühen ein Welken – das ist der Lauf der Zeit. Achtsamkeit lehrt uns zu erkennen, dass nichts von Dauer ist, und verleiht uns die Fähigkeit, jeden Augenblick bewusst zu genießen.

Geh hinaus in den Garten, in einen Park oder in den herbstlichen Wald und lass dich inspirieren von dem, was du vorfindest. Sammle Steine, Kiesel, Zweige, Zapfen, Samen, Hagebutten und bunte Blätter. Such dir eine ebene Fläche, zum Beispiel im Gras, halte einen Augenblick inne, atme tief ein und aus und nimm alles rund um dich wahr – die frische Luft, die Landschaft, den Himmel.

Dann leg mit deinen Materialien ein Mandala, ein Muster, das dir im Augenblick in den Sinn kommt, und sei ganz im Jetzt, im achtsamen Tun. Genieß einfach die Zeit, die du mit dir selbst kreativ verbringst, der Weg und nicht das Ergebnis ist das Ziel!

Vergebungsmeditation

Nicht zu verzeihen belastet und vergiftet das eigene Leben, denn die Last des Nachgetragenen beschwert vor allem den Nachtragenden selbst. Sich selbst und anderen zu vergeben ist die Basis, auf der Heilung geschehen kann. Du wirst erkennen, dass Vergebung in erster Linie dir selbst zugutekommt, als wohltuende Erleichterung, als Erlösung für dein Herz.

Setz oder leg dich entspannt hin, lass dabei die Augen zugehen, lass Körper und Geist sich entspannen und atme ganz sanft zu deinem Herzen hin. Lass mit dem ersten aufsteigenden Gedanken die Person auftauchen, der du etwas nachträgst, das du jetzt loslassen willst, und erlaube dem Vorwurf noch einmal, deutlich zu werden.

Nun lass dich all die Barrieren empfinden, die du errichtet hast, und all die Gefühle auftauchen, die du mit dir herumträgst, weil du nicht vergeben hast – dir nicht und anderen nicht. Ruf Erinnerungen wach, die dein Herz schwer machen.

Nimm den Schmerz wahr, der vom Verschlossensein deines Herzens kommt.

Werde dir bewusst, dass alles, was du in deiner Realität erlebst, deswegen passiert, weil in dir etwas ist, das dieses Erleben bedingt, und nimm die vollständige Verantwortung für deine Realität an.

Beginn dann, unter sanftem Atmen, laut oder leise folgende Sätze zu sprechen:

»Es tut mir leid.
Bitte verzeih mir.
Ich liebe dich.
Danke.«

Wiederhole diese Worte behutsam, bis du spürst, dass sich in deinem Herzen etwas löst.

Das Wichtige passiert oft zwischen den Zeilen. Es ist die Ausrichtung, Intention und der entsprechende Gefühlsgedanke, die die entscheidende Rolle spielen. Spür, dass du endlich diese Last loswerden und um Vergebung bitten kannst, und wiederhole diese vier Sätze sanft so oft, bis du in deinem Herzen Befreiung empfindest. Nutze dabei deinen Ausatem, um deine Anklage bewusst loszulassen, und wiederhole das, bis du befreit spürst, wie dir Lasten von der Seele und Steine vom Herzen rollen, sobald dein Herz bereit ist, wirklich zu verzeihen.

Mag sein, dass du einiges immer noch als Belastung wahrnimmst. Bring dich behutsam in Berührung damit, hab Nachsicht mit dir, dass du noch nicht bereit bist loszulassen, und mach weiter. Vergebung kann man nicht erzwingen.

Setz einfach die Übung fort, lass die Worte und Bilder nach und nach auf ihre eigene Weise wirken. Mach dir dann eigene Anteile an der Situation bewusst und entscheide, ob du dich mit diesem ganzen Paket wirklich weiter belasten willst.

Du kannst diese Vergebungsmeditation zu einem festen Bestandteil deines Lebens machen – in ihr lässt du die Vergangenheit sein und öffnest dein Herz jedem neuen Augenblick mit liebevoller Achtsamkeit.

Vielleicht gilt es jetzt im Herbst mehr Gelassenheit zu lernen als in anderen Jahreszeiten, Konzentration auf das, was jetzt im Augenblick wirklich *wirklich* wichtig ist.

Es tut mir leid

So wie wir andere verletzen, verletzen wir auch uns selbst. Unsere strenge Bewertung und Selbstkritik fügen uns Schmerz zu, dessen wir uns oft gar nicht bewusst sind. Sich selbst zu verzeihen, kann manchmal schwerer sein als anderen zu vergeben. Vergebung passiert nicht schnell, sie braucht Zeit, denn wahre Vergebung wird erst möglich, wenn wir unseren eigenen Schmerz ernst nehmen.

Das Anzünden einer Kerze an einem Ort der Stille kann zu einer Geste der Versöhnung werden:

Such einen Ort auf, der für dich eine besondere Bedeutung hat, und zünde dort eine Kerze für dich an. Richte deine Aufmerksamkeit auf die Flamme und verweile nun so eine längere Zeit mit dem Wunsch, auch dir selbst vergeben zu können.

Dann richte deinen inneren Blick auf Situationen, in denen du dich verurteilt, vernachlässigt oder überfordert hast.

Leg die Hand sanft auf dein Herz. Welche Gefühle sind da?

Kannst du das Leid spüren, das du dir selbst zugefügt hast?

Spür, wie du in Licht und Liebe mit allem verbunden bist, spür den Frieden und nimm ihn in dein Herz hinein.

Dann verzeih dir die Verletzungen, die du dir selbst zugefügt hast – eine nach der anderen: »Es tut mir leid …«

Vergeben heißt, dass wir von Gedanken lassen, die uns zwanghaft mit der Vergangenheit verbinden, von Enttäuschung, Kränkung und Streit. Wir verzeihen uns und anderen und lassen Vergangenes sein, um erleichtert weiter dem Strom unseres Lebens zu folgen.

Mach dir in den nächsten Tagen eine Liste in deinem Achtsamkeitsbüchlein von allem, wofür du dich nicht magst, was du dir nachträgst, und dann bitte dich von Herzen um Verzeihung dafür.

Wenn du spürst, dass alles gut ist, streichst du es von der Liste.

»Du und ich,
wir sind eins.
Ich kann dir nicht wehtun,
ohne mich zu verletzen.«

MAHATMA GANDHI

Atemübung für innere Ruhe

Wir alle kennen die beruhigende Kraft des Atems, das tiefe Aufatmen nach einer schwierigen Situation, das bewusste Atmen, um Gefühle der Angst oder Wut im Zaum zu halten. Wenn wir lernen, unsere Aufmerksamkeit bewusst auf den Atem zu richten, dann wird er uns ein verlässlicher Anker, damit wir im Alltag immer wieder innehalten und entspannen können.

Setz dich bequem hin, die Wirbelsäule ist aufrecht, und leg deine Hände ganz entspannt auf deinen Oberschenkeln ab. Atme nun einige Male mit einem erlösenden Seufzer durch den Mund aus, schließ die Augen und streich jetzt sanft und liebevoll über deine Stirn, die Schläfen, Wangen und Unterkiefer – so, als wolltest du deinen Alltag abstreifen.

Dann wandere mit der Aufmerksamkeit durch deinen Körper. Wenn du eine Spannung wahrnimmst, halte inne und stell dir vor, wie mit deinem Ausatem diese Spannung loslässt und dich verlässt. Denk dabei: »Loslassen« …

Nimm so nach und nach deinen Körper wahr, lass dir dabei Zeit und genieß die Ruhe und das Loslassen. Nun geh mit deiner Aufmerksamkeit zu deinem Herzen und spür deinen Herzschlag, er ist jetzt schon ziemlich ruhig geworden … Beobachte ihn liebevoll. Und auch dein Atem wird immer gleichmäßiger, wie ein Pendel … Atemzug um Atemzug …

Stell dir vor, wie mit jedem Einatem frische Kraft zu dir hereinströmt. Denk nun bei jedem Einatemzug »Kraft« und bei jedem Ausatem »Frieden« und bleib für die nächste Zeit ganz bewusst dabei.

Bleib noch einige Zeit still sitzen, lass die Übung nachklingen und genieß den Frieden in dir.

*»Ich habe dir heute
ein paar Blumen
nicht gepflückt – um dir ihr
Leben zu schenken.«*

CHRISTIAN MORGENSTERN

»Wenn ihr das Dunkle in euch
zu eurem Trost
in den Weltraum vergießt,
so solltet ihr auch zu eurer Freude
die Morgenröte eures Herzens
dorthin verströmen lassen.«

KHALIL GIBRAN

November

ZEIT DER
TRANSFORMATION

Nun ist es nicht mehr zu übersehen, das Sterben hat alle Pflanzen erfasst. Das letzte Laub wird durch die Herbststürme von den Bäumen gerissen, die dann kahl und leer wie Totengerippe am Wege stehen. Diese Zeit ist leidenschaftlich und total, es ist eine markante Phase der Verwandlung der Kräfte.

Bildlich gesprochen verlässt nun die Sonne die »Oberwelt« und zieht das pflanzliche Leben für die nächsten fünf Monate mit sich in die Tiefe. Nun überwiegt die Nacht, an manchen Tagen wird es gar nicht richtig hell, Nebel steigen und alles Licht schwindet in einem trostlosen, melancholischen Grau dahin. Der Schleier der Dunkelheit versucht Schwermut zu verbreiten, es ist die Zeit der Besinnung.

Die Novemberstürme bringen eine radikale Veränderung mit sich, die uns bewusst macht, dass es keine Umkehr gibt. Die Blätter fallen, ob sie wollen oder nicht, es sind die Todeskräfte, die das Leben in der Natur erlöschen lassen. Auf der Erde fault das abgefallene Laub und nährt dadurch den Boden, bildet Humus für neues Wachstum. Im Inneren der Erde ist bereits der Same für das nächste Jahr angelegt und hinter den fallenden Blättern sind schon die Knospen des kommenden Frühlings. So muss das Alte gehen, damit Neues entstehen kann, dieser immer wiederkehrende Zyklus aus »Stirb und werde« ist unausweichlich.

Durch die Beobachtung der Natur kommen die Menschen in Kontakt mit ihrem Inneren, werden sich ihrer Vergänglichkeit und ihrem Kommen und Gehen, dem Festhalten und Loslassen bewusster. In dieser Zeit wird noch intensiver spürbar, dass der Tod zum Leben gehört, er ist nur die andere Seite der Medaille. Die Ahnen waren früher eine Quelle der Inspiration und der Kraft.

Für die Kelten war der 1. November der Winterbeginn, an dem die Tore zur Anderswelt offen sind und die Geister der Ahnen wach werden. Samhain, das wichtigste keltische Fest im ganzen Jahr, ist der verborgene Beginn des neuen Zyklus. Man erinnert sich daran, dass die Ahnen ein Teil von uns sind und wir ein Teil von ihnen. Aus diesem Brauch entsprang Halloween, der Vorabend von Allerheiligen, an dem sich die Menschen mit maskenhaften Kürbislaternen vor den Geistern schützen. Allerheiligen ist ein gesetzlicher Feiertag, an dem die Kirche der Heiligen gedenkt, an Allerseelen gedenken wir der Verstorbenen, auf den Gräbern werden Kerzen angezündet.

Urprinzipiell hat hier Pluto/Hades sein Domizil, der Gott der Unterwelt, Symbol für das Reich der Schatten, für das Wissen aus der Tiefe. Metamorphose, die völlige Wandlung, und Metanoia, die tiefste Reue, gehören zu diesem Prinzip. Pluto lädt uns ein, die dunklen Seiten unserer Existenz zu beleuchten, in unserem Innern mutig unsere Abgründe, unsere Schatten zu erkennen, hinter denen ungeahnte Schätze inneren Reichtums verborgen sind. Er zeigt uns, was Macht und Ohnmacht bedeuten, er hilft uns, uns ganz einzulassen, damit sich Angst in Kraft verwandeln kann und Hass in Liebe. Seine magische Kraft schenkt uns den Mut, unsere Masken abzunehmen, um uns als die zu zeigen, die wir sind in all unserer Verletzlichkeit.

Als Prinzip radikaler Wandlungsfähigkeit ist Pluto dem Wasserelement zugeordnet, wir bezeichnen das zugehörige Zeichen »Skorpion«. Auf der Körperebene gehört der Unterleib hierher und das Becken mit den Geschlechtsorganen, die für die Urvitalkraft des Menschen, die Sexualität stehen.

Altes loslassen macht frei

Anhaften verursacht Leid, lehrt Buddha, deshalb sollten wir uns immer wieder bewusst im Loslassen üben. Die Vergangenheit ist vergangen, was vorbei ist, ist vorbei. Jetzt ist es Zeit, sich von Ballast zu befreien, Verbrauchtes und Überlebtes loszulassen und so Raum zu schaffen für einen Neuanfang.

Gib Altes weg, trenne dich von Dingen, die nicht mehr zu dir gehören, und räum aus dem Weg, was sich überlebt hat: Kleidung, Einstellungen, geplatzte Träume, schal gewordene Beziehungen – jetzt ist der richtige Zeitpunkt, diese endgültig zu verabschieden.

Such dir einen ruhigen Ort und setz dich bequem und aufrecht hin, leg beide Hände auf deine Brustmitte, atme sanft, entspann dich und spür in dich hinein.

Dann lass mit dem ersten aufsteigenden Gedanken jenen Ballast deines Lebens auftauchen, der jetzt wegwill.
Was meldet sich als Erstes? Sind es Gewohnheiten, Erinnerungen oder Gedanken?

Gibt es Verhaltensmuster, die du endlich loslassen kannst? Wie steht es um die materiellen Dinge, deine Kleider, Schuhe, Bücher, Fotos, deine »Sammlungen« in Keller oder Speicher? Wie sieht es in deinen Beziehungen aus, wen hast du zum Beispiel in deinem Telefon gespeichert, ohne überhaupt noch Kontakt zu haben? An welchen Freundschaften hältst du fest, obwohl sie den Namen nicht mehr verdienen?
Entscheide ganz bewusst, was du weggeben kannst, weil es sich ein für alle Mal überlebt hat.

Wenn du deine Augen wieder öffnest, danke für die Gelegenheit, das Loslassen zu üben, denn in ihm liegt die große mitreißende Kraft aller Transformation.

Nimm dir für die nächsten zwei bis drei Wochen täglich einen kleinen Bereich deiner Wohnung vor. Mach aus dem Wegwerfen oder Verschenken ein kleines Loslassritual, indem du jedes Ding noch einmal würdigst und dich von ihm verabschiedest.

So trickst du den inneren Sammler aus: Packe alles, wovon du dich noch nicht trennen kannst, weil es doch »fast« neu ist, in Schachteln. Wenn diese nach einem Jahr noch ungeöffnet im Keller stehen, kannst du sie unbesehen wegwerfen.

Bitte darum, dass belastende Gefühle, Gedanken und Beziehungen gelöst und gereinigt werden. Gib ab und lass los. Dann schreib alles auf Zettel, leg sie auf dein Herz und atme alles, was du an Schwere, Schmerz und Wut noch in dir spürst, in die Zettel hinein. Verabschiede dich und verbrenne die Zettel nach und nach in einem kleinen Feuerritual.

Nimm dir auch dafür mehrere Tage Zeit und lass ganz bewusst los, was dir nicht mehr guttut.

Du kannst deine Wohnung danach mit Myrrhe räuchern, verbunden mit dem Wunsch, dass sich alles, was du nicht mehr brauchst, aus allen Räumen lösen und gehen kann.

So schaffst du Raum für Neues, damit Heilung geschehen und neue Energie einkehren kann.

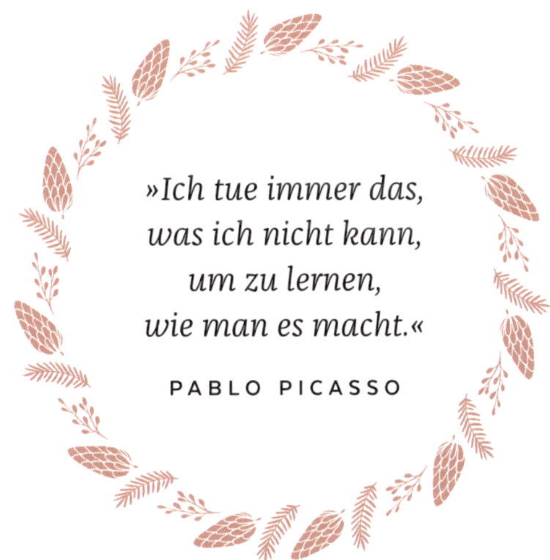

Agni Sara

Diese Übung – zu Deutsch: Feuerreinigung – eignet sich besonders gut morgens zum Aufwachen. Sie aktiviert beziehungsweise harmonisiert das innere Feuer, die Sonne im Bauch, hilft richtig wach zu werden, regt die Ausscheidungen an und ist gut gegen alle Arten von Verdauungsproblemen.

Du kannst sie tagsüber machen, um dein Sonnengeflecht zu aktivieren, neue Kraft zu bekommen und mit frischer Energie an neue Aufgaben zu gehen.

Agni sara tut auch gut, wenn du dich innerlich blockiert fühlst und wieder frei werden willst, denn es hilft dabei, die innere Mitte zu finden, die die Quelle von Selbstbewusstsein, Mut und Enthusiasmus ist.

Stell dich aufrecht hin, die Beine etwa hüftbreit auseinander, atme ein paarmal ganz ruhig ein und aus.

Dann atme durch den Mund vollständig aus, geh dabei leicht in die Knie und stütze die Hände auf den Oberschenkeln oder Knien ab, deine Schultern bleiben dabei höher als das Becken. Ohne zu atmen, mit leeren Lungen, ziehst du den Bauch ein und lässt ihn wieder nach vorne schnellen.

Mach dies ein paarmal hintereinander. Wenn du wieder einatmen musst, lass erst den Bauch nach vorne gehen, richte dich auf und atme dann wieder ein. Atme ruhig weiter und beginn wieder von vorne. Mach etwa fünf Wiederholungen.

»Und solang du das nicht hast,
dieses: ›Stirb und werde!‹
bist du nur ein trüber Gast
auf der dunklen Erde.«

JOHANN WOLFGANG VON GOETHE

Zeit für Reflexion

November, Tage des Abschieds. Es ist die Zeit der Wurzeln, der Ahnen, der Stille, der Dunkelheit und der Einkehr in uns selbst. Wie die Vegetationsgöttin sich mit dem Winter in die Erde zurückzieht, um die Samen zu hüten, die im Frühling neu geboren werden, so haben auch wir das Bedürfnis nach Zurückgezogenheit und Ruhe. Es beginnt der Weg der Dunkelheit. Zurückgehen, langsamer, stiller werden.

Es ist so unendlich wichtig, dass wir uns gerade jetzt im Rhythmus der Natur bewegen, die sparsamen, kleinen Zeichen wahrnehmen. Wie das äußere Leben in der Natur mit ihren kraftvollen Farben, Gerüchen, bunten Geräuschen sich zurückzieht, so ziehen auch wir uns vom äußeren Leben zurück und die Aufmerksamkeit richtet sich auf unser Inneres, unser Seelenleben. Zurückblicken, abwägen, ausklingen lassen. Wenn das Leben zu seiner Basis zurückkehrt, dann ist auch für uns die Zeit gekommen, unsere Wurzeln und unser innewohnendes Licht zu ehren, zu hüten und zu nähren.

Herbstzeit bedeutet, dass wir ganz tief in uns selbst ankommen dürfen.

In diesen Tagen gelingt es uns leichter als zu anderen Zeiten, das Wesen der Dinge zu berühren, in uns hineinzuhorchen und uns zu öffnen für Themen, die wir sonst gerne vor uns selbst verborgen halten oder von denen wir meinen, sie schon längst hinter uns gelassen zu haben.

Such dir einen guten Ort, an dem du dich wohlfühlst und nicht gestört wirst, schließ für ein paar Augenblicke deine Augen und beobachte, wie dein Atem immer ruhiger wird.

Dann nimm einen Stift und beantworte folgende Fragen in deinem Achtsamkeitsbüchlein:

- Wann und in welcher Form begegnet mir mein innerer Schweinehund?

- Fühle ich mich oft unter Druck? Worin besteht dieser?

- Gibt es Bereiche in meinem Leben, wo es nur ein »Entweder-oder« für mich gibt? In welchen Situationen bin ich kompromisslos?

- Gibt es Bereiche in meinem Leben, wo ich gar nicht anpassungsfähig und veränderungswillig bin?

- Fällt es mir leicht zu vergeben? Was könnte ich nie verzeihen? Einem anderen, mir selbst?

- Kann ich mir eingestehen, dass ich nicht perfekt bin, dass auch ich Schattenseiten habe?

Lass alle Gefühle und Gedanken zu, ohne sie zu bewerten – geh bei diesen Themen sehr achtsam mit dir um und überfordere dich nicht. Du kannst dir auch ruhig Zeit lassen und die Fragen über mehrere Tage hinweg beantworten.

Löse den inneren Knoten

Im Laufe unseres Lebens stehen wir immer wieder vor scheinbar unlösbaren Aufgaben und Problemen, erleben schmerzliche Situationen, die uns schier zum Verzweifeln bringen. Krisen sind für uns das, was für die Auster das Sandkorn ist – zuerst ein unangenehmer Fremdkörper, ein Schmerz, ein Stachel im weichen Fleisch, aus dem durch Akzeptanz ein Schatz, eine Perle werden kann. Erst wenn wir ein störendes »Sandkorn« mit der Liebe unseres Herzens umarmen und es annehmen, können wir wachsen und erkennen, wer wir wirklich sind. Mit diesem neuen Bewusstsein wirst du klarer sehen und dich leichter fühlen.

Diese Meditation hat eine tief reinigende Wirkung, wie ein Gewitter, danach fühlst du dich klarer und gelöster. Es ist ein innerer Prozess, bei dem du mehr und mehr deine eigenen negativen Gefühle wahrnimmst und akzeptierst, ohne Widerstand dagegen zu leisten.

Gönn dir eine Zeit der Ruhe und zieh dich zurück, um dein Thema im Herzen fühlen zu können.

Dann setz dich aufrecht und entspannt hin und schließ deine Augen.
Atme sanft ein paarmal bewusst ein und aus. Nimm die Gedanken wahr, die zu dieser Situation auftauchen, nimm alle Erklärungen wahr, alle Rechtfertigungen und lass sie alle vorüberziehen wie die Wolken am Himmel, denn sie sind nicht wichtig.

Halte nichts fest, atme ruhig und bewusst und mach es wie das Salz, das sich ganz im Wasser auflöst. Nichts bleibt übrig. Deine Gedanken und Gefühle kommen und gehen wie die Wellen des Meeres und wie dein Atem und lösen sich auf. Du bist wie das Salz im Meer, unsichtbar und doch präsent, beobachtest, nimmst wahr und lässt los.

Mach diese Meditation in den nächsten drei bis vier Wochen einmal täglich und du wirst sehen, dass sich Wesentliches in deinem Leben verändert, der innere Knoten beginnt sich zu lösen.

Einmal ist kein Mal ...

Achtsam sein, auf gesunde Ernährung und richtige Bewegung achten – mit ein bisschen mehr Disziplin mehr Lebensqualität bekommen, es klingt so einfach und ist oft so schwer umzusetzen. Jeder von uns, der etwas lernen oder verändern will, lernt ihn früher oder später kennen: seinen inneren Schweinehund, den Hüter unserer Komfortzone. Er hasst jede Veränderung und mag es gar nicht, wenn wir uns anstrengen oder gar auf etwas verzichten.

Am liebsten betrachten wir ihn als einen Fremden, mit dem uns gar nichts verbindet und auf den wir all unser Versagen schieben können. So bekommt er Schuld, wenn wir es nicht schaffen, joggen zu gehen oder den Schokoriegel durch einen Apfel zu ersetzen. Jedes Mal, wenn wir aber nachgeben, verleihen wir ihm Macht über uns, denn in Wahrheit ist er natürlich ein Teil von uns, ein typischer Schattenaspekt, der uns mangels Disziplin an jeglichem Fortschritt hindern will.

Achte darauf, bei welchen Gelegenheiten sich dein innerer Schweinehund in den Vordergrund drängelt, um dich auszutricksen. Stell klar, dass DU das »Leittier« bist. Mach dir bewusst, was du erreichen willst, und verbinde dich innerlich mit deiner Vision und Motivation. Setz dir realistische Ziele und beginne so dein Leben bewusster und klarer zu gestalten.

Wenn du auf diese Weise das innere Feuer wieder entfacht hast, kannst du deinen inneren Schweinehund freundlich, aber bestimmt zurück auf seinen Platz verweisen und ihm klarmachen, dass er in Zukunft keine Chance haben wird, deine Disziplin zu erschüttern. So kannst du zwanglos und ohne Anstrengung zu einem Weg finden, der es dir leicht macht »dranzubleiben«.

Und dann lass dich überraschen, wie viel Freiraum du plötzlich bekommst. Wenn heute die Energie da ist, nutze sie, ganz gleichgültig, ob du es morgen wieder schaffst. Setz dich nicht unter Druck!

Hülle dich in einen Mantel der Ruhe

Nicht immer können wir in stressigen Situationen hinaus in die Natur gehen und Ruhe finden. »Stille Übungen«, die mit dem Atem und unseren Gedanken arbeiten, können wir überall machen. Sie helfen uns dabei, Energie zu tanken und wieder unsere Mitte zu finden.

Setz dich aufrecht hin, leg deine Hände locker auf deine Oberschenkel und schließ deine Augen. Lass den Atem ruhig fließen, nimm wahr, wie er kommt und geht. Langsam und regelmäßig kommen und gehen deine Atemzüge im wiederkehrenden, verlässlichen Rhythmus … Spür, wie du ruhiger wirst und immer tiefer sinkst in die Entspannung.

Richte nun deine Aufmerksamkeit auf deinen Scheitel, den höchsten Punkt deines Kopfes, und stell dir vor, wie von dort Ruhe über beide Seiten deines Kopfes fließt: über deine Ohren, den Hals hinunter, über die Schultern und Arme bis in deine Hände und Fingerspitzen.

Kehre jetzt zu deinem Scheitelpunkt zurück und lass nun Ruhe nach vorne fließen. Über dein Gesicht und den Hals läuft sie ganz breit über deine Brust hinunter, über den Bauch, die Oberschenkel und Schienbeine bis in deine Füße und Zehenspitzen.

Dann kehrst du noch einmal zurück zu deinem Scheitel und lässt diesmal Ruhe von deinem höchsten Punkt aus über den Hinterkopf und Nacken rinnen, von hier fließt sie in breitem Strom den ganzen Rücken hinab über dein Becken und Gesäß, die Rückseiten der Oberschenkel und über die Waden zu deinen Fersen und Fußsohlen.

Breite nun vor deinem inneren Auge einen
Mantel der Ruhe um dich aus. Lade einfach
die Ruhe ein, dich ganz sanft einzuhüllen.
Spür, welche Stärke in der Ruhe liegt und
dass sie immer verfügbar ist.

Nimm dir die nächsten Augenblicke, um in
dir selbst zu ruhen und zu genießen, was du
jetzt fühlst. Tanke mit jedem Atemzug die
Energie, die du brauchst …

Wenn du dann deine Augen wieder öffnest,
bleib noch eine Weile ganz bei dir und schau
aus der tiefen Ruhe heraus in die Welt.
Bleib ganz bei dir, lass die Welt nicht in dich
eindringen und sende deine Liebe hinaus …

Dann erst nimm wieder einen tiefen Atem-
zug und orientiere dich im Außen, in dem
Bewusstsein, dass du deinen Mantel der
Ruhe nicht ausziehen musst, dass du ihn so
lange anhaben kannst, wie du magst.
Du ruhst in dir selbst und kannst achtsam
entscheiden, was jetzt gut für dich ist.

»Stille ist die ursprüngliche
Sprache Gottes;
alles andere ist eine schlechte
Übersetzung.«

RUMI

Dezember

ZEIT FÜR
STILLE

Noch ist Herbst, doch in der Natur ist längst der Winter eingekehrt, wir bewegen uns auf den dunkelsten Punkt des Jahres zu. Die starken Herbststürme haben die Bäume leer gefegt, kahl stehen sie nun da, von Nebel und Raureif dicht umhüllt. Die Nächte sind fast doppelt so lang wie die Tage, alles Wachstum läuft auf Sparflamme, die Natur hat sich nun vollständig in das Innere der Erde zurückgezogen. Das Herz der Erde ist nicht tot, leise schlägt es noch, auch unter Schnee und Eis.

In dieser stillsten, dunkelsten Zeit des Jahres vollziehen sich im Verborgenen, für unsere Augen unsichtbar, kraftvolle Prozesse – Kräfte werden in der Stille gesammelt und erneuert, der Wiederaufstieg von Leben und Licht in der kommenden Wintersonnenwende wird vorbereitet.

In der Adventszeit fordern uns die langen Abende zu Besinnung, zu Einkehr und Stille auf. Im Dunkel wächst von Woche zu Woche die Sehnsucht nach Licht, angezündete Kerzen oder Kaminfeuer helfen uns, durch die Dunkelheit zu gehen. Advent heißt Ankunft. Wir warten in dieser Zeit auf die Ankunft des neuen Lichts und Lebens in der Natur und in der christlichen Tradition auch auf die Geburt Christi und damit auf die Wiedergeburt des Lichts zu Weihnachten. Es ist die Zeit der Erwartung des inneren Lichts, der Sammlung und Ausrichtung, aber auch der Hoffnung und Vorfreude. Zahlreiche Bräuche sollen uns das Warten erleichtern, so wird an jedem Sonntag im Advent eine Kerze mehr angezündet, als Zeichen, dass es bald wieder heller wird. Im Haus duftet es nach Plätzchen, es liegt etwas Geheimnisvolles in der Luft, es ist die Zeit der Wunschzettel und der Überraschungen, der Nikolaus kommt und Weihnachtsmärkte laden ein.

Im allgemeinen Weihnachtstrubel ist es wichtig, sich immer wieder Zeit zu nehmen und in die Stille zu gehen, Bilanz zu ziehen und Dinge zu Ende zu bringen. So können wir uns zum Beispiel in den kommenden Wochen vornehmen, ganz im Frieden zu sein und eine Herzenswunschvision entstehen zu lassen. Damit kommen wir zu uns selbst und öffnen uns, damit wir das neue Licht in uns empfangen können.

Urprinzipiell ist es die Zeit des Jupiter/Zeus, des Göttervaters im Olymp, der bei den Hindus »Guru« genannt wird und der Priester ist, der Vermittler von Werten und Idealen, der Glück und Wohlstand fördert. Auf der geistigen Ebene geht es um die Suche nach dem Sinn, die Verbindung mit dem Höheren, das Feuer der Begeisterung, Toleranz und Großzügigkeit, um Visionen und die Weltanschauung im Sinne der Philosophie. Auf der konkreten Ebene geht es darum, den Horizont zu erweitern, die Welt anzuschauen bei großen Reisen in fremde Kulturen, das Fernweh ist hier zu Hause. Er schenkt uns starken inneren Glauben und großes Vertrauen in uns selbst und in das Leben.

Fragen über den Sinn unseres Daseins, unser höchstes Ziel, unsere Visionen und unseren Glauben tauchen hier auf.

Als Brückenbauer zwischen unten und oben geht es Jupiter um das Erkennen der großen Ordnung, er wird dem Feuerelement zugeordnet.

In dieser Zeit steht die Sonne in dem Abschnitt des Tierkreises, den wir »Schütze« nennen.

Auf der Körperebene gehören die Hüften und Oberschenkel hierher, mit ihrer Hilfe machen wir unsere Schritte und schaffen Fortschritt, und die Leber, unser tolerantestes Organ, weil sie nachwächst, wenn ihr ein Stück weggeschnitten wird.

In dir selbst ankommen

Durch die Herausforderungen des Alltags mit all seinen Anforderungen, das ständige Getriebe um uns herum verlieren wir oft das Gefühl für unseren eigenen Rhythmus. Darum ist es so wichtig, immer wieder bewusst innezuhalten, den inneren Anker zu werfen und ganz einzutauchen in die eigene Tiefe.

Wenn wir lernen, in uns hineinzuhorchen, unsere innere Stimme zu hören und unserer Intuition zu folgen, dann finden wir den richtigen Pfad der Stille. Dann können wir zu unserer Insel der Ruhe gelangen und Kraft schöpfen, denn die Stille, um die es hier geht, ist nicht die Abwesenheit von Geräuschen, es ist eine innere Stille. Meditation ist ein Weg zur Mitte. »Remedium«, das lateinische Wort für Heilmittel, bedeutet »zurück zur Mitte«, also könnten wir diesen Weg der Achtsamkeit gehen und heil werden.

Zünd eine Kerze an, schalt dein Handy ab und verwende Räucherstäbchen, wenn du magst. Nimm nun den Augenblick der Stille bewusst wahr, spür deine Atemzüge und schenk ihnen deine ganze Achtsamkeit.

Setz dich aufrecht hin, die Fußsohlen parallel mit gutem Kontakt zum Boden. Dann entspann bewusst den Bereich beider Knöchel, entspann beide Knie, leg deine Hände locker auf den Oberschenkeln ab, die Handflächen zeigen nach oben, und pendle deine Wirbelsäule langsam in ihrer Mitte ein.

Nun entspann zwischen deinen Augen-
brauen, sodass die Stirn weit wird, und lass
die Augen zugehen.
Jetzt entspann deinen gesamten Bauch-,
Brust- und Schulterbereich.
Entspann den Nacken, zieh dein Kinn leicht
an, lass den Unterkiefer locker werden, in-
dem du leicht den Mund öffnest, und leg die
Zunge an den Gaumen.

Nimm nun einen tiefen Einatemzug und
mit dem Ausatem lass los von all dem,
was dich noch beschäftigt, alle Gedanken,
Gefühle dürfen weiterziehen wie die Wolken
am Himmel.

Atme sanft und gleichmäßig durch die Nase
ein und aus, lass deinen Atem frei fließen,
wie die sanfte Dünung des Meeres kommen
und gehen deine Atemwellen ...

Spür, wie du dich langsam sammelst, und
komm so immer mehr zu dir – einfach an-
kommen, zur Ruhe kommen.

Es gibt nichts zu tun, als einfach nur DA
zu sein und das Kommen und Gehen deines
Atems wahrzunehmen, in die Stille hinein-
zulauschen, ihr nachzuspüren, einfach nur
DA sein ... sitzen in STILLE ...

Beende die Meditation, indem du deinen
Körper wieder bewusst wahrnimmst.

Nimm dir, wenn möglich, jeden Tag zehn
Minuten Zeit für diese Stilleübung, am
besten am frühen Morgen oder in den
späten Abendstunden. Du kannst die Zeit
auch nach und nach ausdehnen, wenn sie dir
guttut.

Lichtsamen säen

Zur Wintersonnenwende am 21. Dezember steht die Sonne so tief am Horizont wie an keinem anderen Tag. Sie steht scheinbar still und verströmt nur noch spärlich ihr Licht. Es ist die längste, tiefste, dunkelste Nacht des Jahres, in der die Erde ihren Umschwung beginnt. In der Tiefe dieser Nacht wird das Licht geboren. Unsere Hoffnung auf ein Wunder in dieser besinnlichen Zeit erfüllt sich: Das Licht kommt zurück!

Dieser heilige Moment wurde in allen Kulturen zu allen Zeiten gefeiert, weil er uns Menschen ein Symbol der Hoffnung schenkt, dass das Leben weitergeht und in jedem noch so dunklen Augenblick ein inneres Licht geboren werden kann. Es ist die weihevolle Nacht, die vom Licht geweihte Nacht, in der das Licht wiedergeboren wird. Darum feiern die Christen Weihnacht als Geburtstag von Jesus Christus, dem Licht der Welt, der für Hoffnung, Wiederkehr und Erlösung steht.

Die Weihnachtszeit ist die Zeit, in der Wünsche in Erfüllung gehen können. Zünde eine Kerze an und nimm dir heute Zeit, Lichtsamen zu säen.

Setz dich ruhig und entspannt hin und schließ deine Augen.

Leg deine Hände auf dein Herz, atme bewusst ein paarmal tief ein und aus und verbinde dich mit deinen Wünschen, deinen Visionen für das kommende Jahr. Was wünschst du dir von ganzem Herzen, welche Samen möchtest du säen, welche Früchte ernten?

Dann nimm einen Stift und schreib all deine Lichtsamen in dein Achsamkeitsbüchlein. Diese Fragen können dir Hilfe sein:

- Welche Ideen dürfen wahr werden?
- Wie willst du deine Vision Realität werden lassen?
- Welche Menschen und Begleiter (das können auch Tiere, Steine, geistige Wesen sein) unterstützen und stärken dich?
- Was möchtest du für dich lernen?

- Welche Herzensqualität möchtest du mehr leben? (Mitgefühl, Dankbarkeit, Güte …)
- Was wünschst du dir in Beziehungen und Partnerschaft? Was bist du bereit zu geben?
- Wo möchtest du dich tiefer einlassen, wo dich eher lösen?
- Wie soll sich dein Lebensweg anfühlen?

Wenn du fertig bist, schließ deine Augen und leg deine Hände wieder auf dein Herz. Lass noch einmal alle Lichtsamen auftauchen und mit jedem tiefen Einatemzug lässt du sie tief in dein Herz hineinsinken, damit sie zu gegebener Zeit aufgehen können.

Raunächte

Mit der Wintersonnenwende verändert sich die Energie. Wir werden feinsinniger, horchen mehr nach innen und spüren eine tiefe Verbundenheit zur Natur und Dunkelheit. Jetzt beginnt eine Zeit der achtsamen Stille, in der wir uns gerne zurückziehen, meditieren, sinnieren, lange Spaziergänge machen, Rückschau halten, aufschreiben, bewusst Bilanz ziehen – eine Zeit für die Seele.

Mit Weihnachten beginnen die Raunächte, das sind die zwölf heiligen Nächte, die symbolisch für die zwölf Monate im Jahr stehen. Man nennt sie die Zeit zwischen den Jahren, geschenkte Zeit oder auch Schwellenzeit, in der die Schleier zu den anderen Welten sich lüften. Dunkel und Licht, Altes und Neues, Vergänglichkeit und Ewigkeit fließen ineinander. Alte Strukturen werden jetzt aufgebrochen, damit neue entstehen können. Ihren Ursprung hat dies in der Zeitrechnung nach dem Mondjahr. Zwölf Mondmonate haben 354 Tage, das Sonnenjahr hingegen besteht aus 365 Tagen. Die Differenz von 11 Tagen beziehungsweise 12 Nächten gilt von jeher als eine besondere, magische Zeit.

In früheren Zeiten verbrachte man die Raunächte im Kreise der Familie, um alte Weisheiten weiterzuerzählen, zu horchen und Einkehr zu halten, das Orakel wurde befragt, um Sicherheit für das kommende Jahr zu bekommen. In vielen Kulturen gab es für die Zeit der Wandlung Rituale, welche die Menschen in einen neuen Zustand begleitet haben. Diese Rituale halfen, sich vom Alten zu lösen, erlaubten eine Zeit der Besinnung und schenkten das nötige Wissen über das Neue.

Der Zauber dieser Zeit lässt sich nur mit dem Herzen erfassen, nicht mit dem Verstand. Es gibt auch kein Rezept und keine Anleitung, jeder muss seinen individuellen Weg für diese innere Reise finden.

Es gibt kein Richtig und Falsch, wir dürfen uns von unserem eigenen Gefühl leiten lassen, in die Stille gehen und offen sein für den nächsten Schritt.

Ein paar Vorbereitungen sind hilfreich, um sich ganz auf diese besondere Zeit einlassen zu können:

Versuche bis Weihnachten möglichst alle Schulden zu begleichen, Geliehenes zurückzugeben, offene Versprechen einzulösen, alte Angelegenheiten zu klären und Frieden zu schließen.
Bedank dich bei Menschen, die dich durch das Jahr begleitet haben, gib alles weg, was du nicht mehr brauchst, lüfte und putze deine Wohnräume und schaffe so Klarheit und Raum für Neues auf allen Ebenen.

Besorge einen Vorrat an Kerzen, Teelichtern und Räucherwerk, getrockneten weißen Salbei, Myrrhe, Palo Santo, Weihrauch und Wacholder. Leg dir ein Büchlein zurecht, in das du deine Träume, Erlebnisse, Naturbeobachtungen, was dich bewegt und worüber du nachdenkst, schreiben kannst und such dir einen guten Platz in der Natur, wenn du magst, an dem du dich wohlfühlst und ganz für dich sein kannst. Und dann lass dich mit offenem Herzen ein auf den besonderen Zauber, der in der Luft liegt.

Man sagt, dass man in den Raunächten die Tiere reden hören kann. Achte auf die Tiere, die dir begegnen, und auf das, was sie dir zu sagen haben. Wenn du genau hinhörst, kannst du in deinem Herzen die Botschaft verstehen. Geh in die Natur, stell eine Frage und warte – du wirst Zeichen und Antworten bekommen.

Lass Wunder in deinem Leben zu!

Still werden

Kein Geschenk der Welt kann so wertvoll sein wie diese Zeit für uns selbst. Diese Zeit, in der wir still werden, damit wir das Flüstern unserer Seele hören. Diese Zeit, in der wir die Augen schließen, damit wir das Licht in uns spüren. Diese Zeit, die so wundervoll, so heilig und so magisch ist.

Setz dich in Stille hin und beantworte dir folgende Fragen:

- Was bewirkt Stille in mir?
- Wie gut kann ich mit Stille umgehen?
- Wie gut kann ich loslassen, um Raum für Neues zu schaffen?
- Wo in mir sehne ich mich nach innerem Frieden?
- Wie gut fühle ich mich mit meiner inneren Führung verbunden?
- Wie leicht fällt es mir, mein inneres Licht strahlen zu lassen?
- In welchen Situationen stelle ich es unter den Scheffel?

Schreibe die Antworten dazu in dein Achtsamkeitstagebüchlein.

Innehalten und still werden, ins Kerzenlicht schauen und besinnen, an die Menschen denken, die nicht mehr bei uns sind, an vergangene Feste, vergangene Jahre. Auf das Licht warten, tief in uns und draußen, das Kind in uns einladen, seine Freude spüren, ihm und der Welt die Liebe schenken, die wir so sehr brauchen.

Jahresbilanz

Wenn das Jahr zu Ende geht, wird jedes Mal das gleiche Spiel gespielt: Es werden Vorsätze für das neue Jahr gefasst. Doch jeder hat schon die Erfahrung gemacht, dass diese nicht lange halten. Darum ist es viel sinnvoller, das alte Jahr noch einmal Revue passieren zu lassen, sich zu überlegen, was alles Gutes, Freudiges passiert ist, was Neues entstehen durfte, was verabschiedet wurde, welches Glück, welcher Erfolg sich eingestellt hat, welche Hürden gemeistert wurden – Bilanz ziehen in einem Rückblick der Dankbarkeit.

Nimm dir Zeit, geh hinaus in die kalte Winterlandschaft oder mach es dir bei einer Tasse Tee gemütlich und wandere in Gedanken durch die vergangenen Monate.

Dann nimm einen Stift und mach dir in deinem Büchlein eine Liste. Schreib alles auf, was du in diesem Jahr gut gemacht hast, welche Wünsche sich erfüllt haben, welche Ziele du erreicht hast.

- Was waren deine Herausforderungen in diesem Jahr? Krankheiten oder unerwartete Ereignisse?
- Was hast du gelernt über dich, über die Menschen in deiner Nähe, über die Welt?
- Welche Ereignisse waren besonders eindrücklich für dich? Geburten, Hochzeiten, Abschied und Tod?
- Was ist noch offen? Was nimmst du mit ins neue Jahr an Gesprächen, Versprechen, Rechnungen und anderen Vorhaben?
- Was möchtest du im alten Jahr lassen?

Wenn du fertig bist, schließ deine Augen, atme ruhig und sinke aus deinem denkenden Verstand in den Raum deines Herzens und würdige alles, was geschehen ist. Dann bedanke dich für die Ereignisse, die Führung und Fügungen und segne das alte Jahr mit allem, was war.

Das Alte gut zu Ende bringen

Der 31. Dezember ist ein ganz besonderer Tag, ein Schwellentag – Silvester, der Übergang in ein neues Kalenderjahr. Wir gehen den Torweg vom vergangenen Jahr in ein neues und es gilt, bewusst und achtsam über diese Schwelle zu gehen.

Es ist ein guter Tag, um reinigend durch das eigene Leben und die Räume zu gehen. Was gibt es noch zu vergeben? Was braucht noch einen Abschluss oder einen Segen? Was ist nun für immer beendet? Jetzt sollten die Wohnräume noch einmal gründlich aufgeräumt und geputzt werden. Es ist ein guter Zeitpunkt, um Frieden zu machen mit dem Unabänderlichen, sich von allem zu trennen, was nicht mehr dient, Altes loszulassen und das Neue willkommen zu heißen.

Der Klarheit im Außen folgt die Klarheit im Innen.

Räuchern: Nimm dir Zeit, öffne alle Fenster und Türen, gib weißen Salbei in ein Räuchergefäß, das du tragen kannst, und zünde ihn an. Hülle zuerst dich selbst in seinen heilsamen Rauch und geh dann durch alle Räume, indem du alles entlässt, was sich überlebt hat oder schwer war. Lass die Fenster noch offen, damit der Wind alles Alte mitnehmen und alles Glück hereinbringen kann und schließe sie dann, wenn du das Gefühl hast, dass es nun gut ist.

Segnen: Nimm dir noch etwas Zeit für dich, setz dich in Stille hin und zünde eine Kerze an. Dann segne alles, was du in diesem Jahr geschenkt bekommen hast, jeden Augenblick des Glücks, deine Familie, Freunde, Mitmenschen, Tiere, deine Arbeit – alles, womit du verbunden bist.

Stell dir deinen Segensstrom so intensiv vor wie möglich, lass ihn in alles fließen, wofür du dankbar bist, auch in dich selbst. Dann wende dich dem neuen Jahr zu und lass deinen Segen ganz bewusst in jeden einzelnen Monat des neuen Jahres strömen. Bitte um Schutz und gutes Geleit, dankbar für alles, was war, ist und sein wird.

Möge der Segen in das neue Jahr strömen und dich auf Wellen der Liebe, der Zuversicht und der Hoffnung tragen, mögen dich Verbundenheit und Liebe zur rechten Zeit an den richtigen Ort führen, um das Richtige zu tun.

Die Autorin

Herzlich, einfühlsam, spürsinnig, achtsam, feinfühlig, humorvoll, kreativ und das Leben liebend, das ist die österreichische Seminarleiterin und Coachin, Ernährungsspezialistin, Haubenköchin und Fastenexpertin.

Die Tochter eines Arztes ist »waschechte« Salzburgerin, hat eine Tochter und ein Patenkind in Kalkutta, spricht fünf Sprachen, kennt jedes Kraut, kocht leidenschaftlich gern und ist ständig auf der Suche nach Erkenntnis, Wissen und Wahrheit. Dies sowohl in den Naturwissenschaften, in der Philosophie als auch in verschiedenen spirituellen Traditionen.

Ihr Verständnis für ganzheitlich-wissenschaftliche sowie spirituelle Aspekte prägt ihre therapeutische Arbeit, die auf Stressbewältigung und Gesundheitsvorsorge ausgerichtet ist.

Ihre besondere Aufmerksamkeit gilt dem Weg des Herzens, der ganzheitlichen Persönlichkeitsentwicklung sowie dem Element Wasser mit seinen vielfältigen Möglichkeiten. Dies alles erlaubt ihr, Menschen nahe zu sein und ihre Aufgaben zu erspüren. Für Dorothea Neumayr ist ihr Beruf echte Berufung. Ihr Wissen um die Lebensprinzipien, Ernährung, Fasten, den Atem und die Psychosomatik, aber auch um Regeneration und Heilung sind für ihre Klienten ein Schlüssel zur Persönlichkeitsentfaltung.

Bekannt ist Dorothea Neumayr durch ihre Seminare in Österreich, Italien und Spanien und als Autorin und Co-Autorin des Bestseller-Autors Dr. Ruediger Dahlke.

Kontakt:
www.dorothea-neumayr.com
dorothea@neumayr.com